WILLOW WINSHAM

Absolut abergläubisch

77 Aberglauben aus aller Welt

Haftungsausschluss:
Dieses Buch und sein Inhalt sind nur für allgemeine Informations- und Unterhaltungszwecke bestimmt und sollten nicht als Fakten oder angebliche Fakten angesehen werden oder einen Glauben respektive eine bestimmte Praxis auf der Grundlage der Informationen in diesem Buch fördern. Es ist weder das Ziel des Herausgebers noch der Autorin, tatsächliche Überzeugungen oder Aussagen wiederzugeben, wie sie in diesem Buch beschrieben sind. Es wird dringend empfohlen, angemessenen unabhängigen, professionellen, religiösen oder medizinischen Rat einzuholen, bevor Sie sich auf die in diesem Buch enthaltenen Informationen verlassen.

Der Herausgeber und die Autorin geben keinerlei ausdrückliche oder stillschweigende Zusicherungen oder Gewährleistungen in Bezug auf die sachliche Genauigkeit (sowohl beabsichtigte als auch angebliche Genauigkeit), Vollständigkeit oder Aktualität des Inhalts dieses Buches ab und lehnen insbesondere ohne Einschränkung Folgendes ab: alle stillschweigenden Garantien der Marktgängigkeit oder Eignung für einen bestimmten Zweck und alle Verletzungen, Krankheiten, Schäden, Haftung oder Verluste, die direkt oder indirekt aus der Verwendung oder Anwendung von Inhalten dieses Buches entstehen. Darüber hinaus sind der Herausgeber und die Autorin nicht mit Aberglauben verbunden und unterstützen keine Anwendungen oder Überzeugungen über Aberglauben, auf die in diesem Buch Bezug genommen wird, als religiös und/oder wissenschaftlich korrekt oder in irgendeiner Weise ratsam.

Titel der Originalausgabe:
Magpies & Red Skies – The enchanting origins of 100 superstitions
Erschienen bei Welbeck

Deutsche Erstausgabe

Ein Unternehmen der Média-Participations

Projektleitung und Lektorat: Anja Sommerfeld, Knesebeck Verlag
Umschlaggestaltung: Leonore Höfer, Knesebeck Verlag
Satz und Herstellung: Arnold & Domnick, Leipzig
Druck: Livonia Print, Riga
Printed in Latvia

ISBN 978-3-95728-658-1

www.knesebeck-verlag.de

FSC www.fsc.org
MIX
Papier aus verantwortungsvollen Quellen
FSC® C002795

WILLOW WINSHAM

Absolut abergläubisch

77 Aberglauben aus aller Welt

Aus dem Englischen
von Janika Krichtel

KNESEBECK

INHALT

EINLEITUNG

EINE PRISE SALZ

Was ist Aberglaube? Laut Definition ein »als irrig angesehener Glaube an die Wirksamkeit übernatürlicher Kräfte in bestimmten Menschen und Dingen.« Zu sagen, jemand sei abergläubisch, ist meist negativ oder beleidigend gemeint.

Natürlich könnte man Aberglauben einfach als etwas abtun, an das man in Zeiten geglaubt hat, als die Menschen noch weniger gebildet waren, doch auch heute noch begleiten sie uns auf Schritt und Tritt. Klopfen Sie auf Holz, um Unglück abzuwenden, oder vermeiden Sie es, auf die Fugen im Gehweg zu treten? Das sind nur zwei Beispiele für Aberglauben, über die wir im Alltag gar nicht nachdenken, weil sie so tief in unserem kollektiven kulturellen Gedächtnis verwurzelt sind.

Auf den folgenden Seiten werden wir uns auf eine rasante Tour durch Zeit und Raum begeben und die 77 faszinierendsten – und manchmal auch haarsträubendsten – Fälle von Aberglauben aus aller Welt betrachten. Bringt es Unglück, wenn ein Hase Ihren Weg kreuzt? Warum bloß sollte man es vermeiden, den Namen eines ehemaligen argentinischen Präsidenten auszusprechen? Und wieso sollte man nicht mit Wasser auf etwas anstoßen? Aus vielerlei Quellen zusammengetragen, aus Büchern und Archiven, mündlich überliefert und aus den Tiefen des Internets geborgen, bilden die folgenden Aberglauben bloß die Spitze des Eisbergs. Durch sie erfahren wir nicht bloß, was es bedeutet, abergläubisch zu sein, sondern erkunden auch interkulturelle Gemeinsamkeiten und Unterschiede.

Eine ausführlichere Auseinandersetzung mit jedem Aberglauben und seiner Verortung sprengt den Rahmen dieses Buches. Es werden daher jeweils die interessantesten Fakten beleuchtet und teilweise die Orte, an denen man auf diese Aberglauben stößt. Auch ist die Grenze zwischen Aberglauben und kulturellen Traditionen fließend, weshalb bestimmte Praktiken ausgelassen wurden, um niemanden vor den Kopf zu stoßen und um kulturelle Aneignung zu vermeiden. Auch wollen wir deutlich darauf hinweisen, dass viele Praktiken heute veraltet und übergriffig sind, und ihre Erwähnung in diesem Buch bedeutet nicht, dass wir diese befürworten.

Also, holen Sie sich etwas zu trinken und lassen Sie sich für einen Augenblick ein auf diese Reise durch einige der merkwürdigsten und faszinierendsten Aberglauben aus aller Welt!

JUCKENDE HANDFLÄCHEN
1

Hat Ihnen schon einmal die Handinnenfläche gejuckt? Überall auf der Welt findet sich der Glaube, dass dies ein Zeichen dafür ist, dass man bald zu Geld kommt. Doch bevor Sie jetzt zu sehr jubeln, sollten Sie zunächst prüfen, welche Hand juckt. Manche glauben, dass eine juckende linke Handfläche einen Geldsegen mit sich bringt, während es bei der rechten Hand zu einem Verlust von Geld führt. Andere wiederum sind vom Gegenteil überzeugt: Das Jucken in der rechten Handfläche soll Glück bringen, das in der linken Hand jedoch dazu führen, dass man Geld verschenkt. Seien Sie dennoch nicht allzu besorgt, sollte die falsche Hand jucken – ein weiterer Volksglaube besagt, dass jedes Unglück abgewendet werden kann, indem man die betroffene Handfläche gegen Holz reibt.

Der Glaube, der juckende Handflächen mit Geld in Verbindung bringt, ist weit verbreitet und findet sich vor allem in England, den USA, der Türkei, Indien und Russland. Es heißt oft, dass die Verbindung zwischen Handflächen und Geld auf europäische Praktiken vorchristlicher Zeiten zurückgeht. Damals rieb man betroffene Handflächen mit Silber ab, um sie von Krankheiten zu heilen, weshalb man sie wohl noch heute mit Vermögen in Verbindung bringt.

Entscheidend ist hierbei wohl auch, auf welche Weise man sich die Stelle kratzt. Wenn man die linke Handfläche mit den Fingern der rechten Hand kratzt, wird man ganz sicher Geld verlieren. Andererseits wird man Geld erhalten, wenn man es umgekehrt macht.

Im Englischen gibt es das Sprichwort »left to leave, right to receive« (»links, um zu verlieren, rechts, um zu erhalten«). Hierin zeigt sich deutlich die allgemeine Annahme, dass die rechte Körperseite per se gut ist und eine dort juckende Stelle Glück bringt. Die linke Seite jedoch steht für Unglück und wird manchmal sogar mit dem Teufel in Verbindung gebracht. In Indien benutzen manche Hindus ausschließlich die rechte Hand, um Geld zu überreichen und entgegenzunehmen, da diese für gute und reine Aufgaben zuständig ist.

GLÜCKSHUFEISEN
2

Hufeisen gelten überall auf der Welt als Glücksbringer – oder stehen für das Fehlen von Glück. Sie sind ein vertrauter Anblick und hängen oft als Zeichen für Wohlstand und Schutz über Türrahmen und anderen Durchgängen.

Es gibt große Diskussionen darüber, wie herum man ein Hufeisen aufhängen sollte. Manche glauben, dass es mit dem offenen Ende nach oben aufgehängt werden muss, um zu vermeiden, dass das Glück herausfällt. Andere sind überzeugt, dass das offene Ende nach unten gehört, damit das Glück die erreicht, die unter ihm hindurchgehen.

Doch wie wurden Hufeisen überhaupt erst zu einem Glückssymbol? Die geläufigste Theorie basiert auf dem Umstand, dass sie aus Eisen geschmiedet werden, welches seit Urzeiten in Europa, Asien und den USA zum Schutz gegen schwarze Magie, Hexen und alle Arten von Unglück eingesetzt wird.

Eine Legende besagt, dass der zukünftige Heilige Dunstan, ein englischer Bischof des 10. Jahrhunderts, in seiner Schmiede von einem Fremden aufgesucht wurde, der ihn darum bat, neu beschlagen zu werden. Beim Anblick der gespaltenen Hufe erkannte der entsetzte Dunstan, dass sein Kunde der Teufel persönlich war. Er dachte nach, schob seine Furcht beiseite und willigte ein. Dann schlug er dem Teufel die Nägel in den weichen Teil seines Fußes und verursachte ihm dadurch solche Schmerzen, dass von diesem Tag an der bloße Anblick eines Hufeisens ausreicht, um den Teufel abzuschrecken.

Die Anzahl der Auslassungen für Nägel in einem Hufeisen beeinflusst, wie viel Glück es bringt. Je mehr davon, desto mehr Glück – und wie so oft wird auch hier die Sieben als die perfekte Zahl betrachtet. Die Anzahl kann aber auch für die Jahre stehen, in denen mit mehr Glück zu rechnen ist.

Im Deutschland des 19. Jahrhunderts glaubte man, dass ein Haus vor Hexen, Feuer und Blitzen geschützt sei, wenn man ein gefundenes Hufeisen mit den noch darin enthaltenen Nägeln nach außen zeigend aufhängt. Wenn die Nägel zur Wand hin zeigten, würde dies Unglück heraufbeschwören (in Böhmen hingegen glaubte man, dass es bereits Unglück bringt, ein herumliegendes Hufeisen überhaupt aufzuheben).

Nicht nur an Land gelten Hufeisen als Glücksbringer – auch Seeleute haben sich diese an ihre Masten gehängt, um Stürme abzuwehren.

JEMANDEM AUF DER TREPPE BEGEGNEN
3

Wenn man eine Treppe benutzt, kommt einem nicht selten jemand entgegen. Doch war Ihnen klar, dass es zu großem Unglück führt, an diesem Menschen vorbeizugehen?

Dieser Glaube war im England des 19. Jahrhunderts so stark verwurzelt, dass sich manche Leute schlichtweg weigerten, auf einer Treppe an einer anderen Person vorbeizulaufen, egal zu welchem Anlass. Stattdessen gingen sie lieber zurück auf ihr Zimmer oder liefen die Treppe wieder zurück nach unten – was allerdings auch nicht ungefährlich ist, da es ebenfalls Unglück bringen soll, eine Treppe nach unten zu steigen, wenn man gerade auf dem Weg nach oben war. Man stand also vor einem großen Problem, sowohl wenn man vermeiden wollte, an jemandem vorbeizugehen, als auch wenn man auf dem Weg nach oben etwas vergessen hatte. Doch es gibt einen Ausweg aus der Misere: Wenn man wirklich umkehren muss, hilft es, dabei zu pfeifen oder die Stufen rückwärts hinunterzusteigen, um dem Unglück entgegenzuwirken.

Wenn es absolut nicht zu vermeiden ist, auf der Treppe an jemandem vorbeizugehen, hält man währenddessen besser zwei Finger überkreuzt. Auf diese Weise soll das ansonsten bevorstehende Unglück abgewehrt werden. Auch dabei die Luft anzuhalten, soll einen gewissen Schutz bieten.

Ganz praktisch betrachtet, konnte die Begegnung mit einer anderen Person auf einer Treppe zu einem gefährlichen Sturz führen, besonders in Zeiten, als Treppen noch eng und gewunden waren. Was den Glauben angeht, dass eine solche Begegnung Unglück bringen soll, ist es möglich, dass dieser von der sprichwörtlichen Treppe zum Himmel herrührt. Auf dieser eine andere Person zu passieren, wird also mit dem Tod in Verbindung gebracht, dem unvermeidbaren und letzten Schritt vor dem Aufstieg gen Himmel. Aus diesem Grund gibt es im Englischen auch das Sprichwort »Never pass upon the stairs, you'll meet an angel unawares«. (»Geh nie auf der Treppe an jemandem vorbei oder du wirst unversehens einem Engel begegnen.«)

Und was, wenn man auf einer Treppe stolpert? Auf dem Weg nach unten ist dies ein ziemlich gefährliches Unterfangen, doch hinauf soll es tatsächlich Glück bringen. Es verheißt eine Hochzeit – die eigene oder die des Menschen, der die Treppe als nächster betritt.

ELSTERN GRÜSSEN
4

Eine verheißt Leid, zwei Freude dir geben, drei stehen für den Tod, vier für neues Leben.* So lautet ein bekannter englischer Reim aus dem späten 18. Jahrhundert. Zwar entwickelten sich über die Jahre in England und den USA unterschiedliche Versionen, doch das Sichten einer einzelnen Elster steht gemeinhin als Zeichen bevorstehenden Unglücks. Später wurde der Vers noch ergänzt: *Fünf für Silber, sechs für Gold, sieben für ein Geheimnis auf immer verschwiegen, in den Himmel bei acht, bei neun die Hölle dir lacht.* Manche Reime reichen sogar bis dreizehn! Eine Variante aus Lancashire lautet: *für Reichtum stehen fünf, für Armut sechse, bei sieben erwartet dich eine Hexe!

Wenn man eine einzelne Elster gesehen hat, gibt es verschiedene Möglichkeiten, das Unglück doch noch abzuwehren. Diejenige, den Vogel zu grüßen, ist weit verbreitet, genauso wie sich nach seinem Wohlbefinden und dem seiner Frau zu erkundigen – da die Anspielung auf einen zweiten Vogel wiederum Glück bringen soll. Den Hut zu ziehen, schnell zu blinzeln, damit es den Anschein hat, als wären es in Wirklichkeit zwei Vögel, oder mit den Armen zu wedeln und zu piepsen wie eine zweite Elster, soll ebenfalls helfen. Man kann auch dreimal über die Schulter spucken oder sich dreimal im Kreis drehen. Laut einer Legende aus Somerset ist eine Zwiebel ein wirksamer Schutz, sofern man sie jederzeit bei sich trägt.

Doch Elstern bringen nicht auf der ganzen Welt Pech. In der Mongolei wird Elstern nachgesagt, das Wetter zu kontrollieren, und in China ist eine singende Elster ein Zeichen für Freude und Glück. In Korea gelten sie als Glückssymbol, stattdessen steht die Krähe für Unglück.

Dennoch haben Elstern allgemein einen schlechten Ruf. Laut einer Legende soll die Elster einen Blutstropfen des Teufels unter der Zunge tragen. Ihr haftet auch das Stigma an, der einzige Vogel gewesen zu sein, der während der Kreuzigung nicht geweint haben soll, um den leidenden Jesus zu trösten. Es heißt außerdem, dass die Elstern den Schutz durch Noahs Arche gemieden haben und stattdessen schimpfend und schnatternd im Sturm ausgeharrt haben sollen. Vor allem in England, Frankreich, Italien und Deutschland sind die Elstern als Diebe glänzender Gegenstände und auch als Aasfresser bekannt und werden deshalb mit Tod und Leid in Verbindung gebracht.

NACHTS KAUGUMMI KAUEN
5

Kaugummikauen wird im besten Falle kontrovers betrachtet: Manche lieben es, andere halten es für den Gipfel der Unhöflichkeit. Die meisten werden zustimmen, dass es wirklich ärgerlich ist, in einen Kaugummi zu treten und ihn dann am Schuh kleben zu haben. Ein Aberglaube aus der Türkei hebt den Kaugummistreit jedoch auf ein ganz neues Level. Demzufolge sollte man nie, unter gar keinen Umständen, nachts Kaugummi kauen. Warum nicht? Weil jeder, der das tut, das Fleisch der Toten kaue!

Zwar gibt es diesen Aberglauben nur in der Türkei, doch auch in anderen Teilen der Welt gilt das Essen nach Sonnenuntergang als keine besonders gute Idee. Essen im Dunkeln ist oft verpönt, und es heißt, dass man dadurch die Toten einlade, gemeinsam mit einem am Tisch zu sitzen – und als wäre das nicht schon gruselig genug, könnte es sogar zu Krankheit und Tod führen. In Tansania heißt es, wer im Dunkeln esse, speise mit dem Teufel. Doch nicht nur das: Man solle auch beim nächtlichen Trinken vorsichtig sein, denn vermeintlich kann die eigene Seele in die Tasse schlüpfen, aus der man trinkt, wenn man diese nicht abdeckt. Tut dies jedoch jemand anderes, stirbt man angeblich augenblicklich. Auch in Uganda glaubt man, dass man im Dunkeln gemeinsam mit Dämonen esse und einem ein Unglück widerfahren könne.

Ein weiterer Volksglaube besagt, dass man seltsame Träume hat und schlecht schläft, wenn man vor dem Zubettgehen Käse isst. In Südkorea verheißen dagegen spät abends verspeiste Äpfel Verdauungsprobleme und schlechten Schlaf. Ganz allgemein hält sich der Glaube, dass man schneller zunimmt, wenn man nachts isst. Dämonen, Tod, allgemeines Unglück und Gewichtszunahme … ist es das wirklich wert?

MIT WASSER ANSTOSSEN
6

Jeder von uns hat schon einmal während einer Party oder Gedenkfeier auf etwas angestoßen, sei es auf einem Geburtstag, einer Hochzeit oder zu einem anderen Anlass. Dennoch wird es wohl die meisten überraschen, dass dabei der Inhalt des Glases eine große Rolle spielt und dass es schwerwiegende Konsequenzen nach sich ziehen kann, wenn man mit Wasser anstößt.

Auch laut des *Mess Night Manuals* der US Navy (einem Handbuch für Abendveranstaltungen an Bord von Marineschiffen) ist das ein absolutes No-Go. Es führe zum Tod durch Ertrinken und einem nassen Grab der Person, auf die angestoßen wurde. Auch Schnaps und Softgetränke sollte man bei einem Toast meiden: Bleiben Sie einfach beim üblichen Sekt oder Wein, um auf Nummer sicher zu gehen.

Aus gleicher Quelle stammt der angebliche Ursprung dieses speziellen Aberglaubens: Als der politische und militärische Führer Oliver Cromwell nach der Hinrichtung Karls I. über England herrschte, befand sich der Thronfolger Jakob II. gerade im Ausland. Die Mitglieder des britischen Militärs, die der Krone treu ergeben waren, sollen damals als Geste der Loyalität gegenüber dem Exilanten mit Wasser statt Wein angestoßen haben – eine Art geheimes Zeichen und Ehrerbietung an den »König über dem Wasser«. Es heißt, nach Bekanntwerden des Brauchs wurden sämtliche Wassergläser entfernt, bevor Wein gereicht wurde – eine noch heute gängige Praxis in der Navy.

Ein weiterer Volksglaube führt das Verbot von Anstoßen mit Wasser auf das antike Griechenland zurück. Damals stieß man dort mit Wasser auf verstorbene Angehörige an, um das Trinken aus dem Fluss Lethe in der Unterwelt zu symbolisieren. Mit Wasser auf jemanden anzustoßen, konnte demnach bedeuten, dass man demjenigen den Tod wünscht – oder aber sich selbst.

Mit Wasser oder einem anderen nicht-alkoholischen Getränk anzustoßen, wird auch in Spanien aus gutem Grund vermieden: Dort glaubt man, dass auf einen solchen Trinkspruch sieben Jahre Unglück im Schlafzimmer folgen! Auch in Deutschland und Frankreich gilt dies, nämlich dann, wenn man den Blick seines Gegenübers beim Anstoßen nicht erwidert. Vielleicht sollte man besser überhaupt nicht mehr auf irgendetwas anstoßen!

SALZ VERSCHÜTTEN
7

Seit Menschengedenken gilt Salz als einer der wertvollsten Rohstoffe der Welt. Sein Verschütten war schon immer ein furchtbares Vergehen. Diese Tatsache zeigt sich auch heute noch in einigen Volksglauben.

Ganz allgemein geht man davon aus, dass das Verschütten ein Vorbote einer Auseinandersetzung sei, da Salz dank seiner symbolischen Reinheit und Unverderblichkeit mit Freundschaft in Verbindung gesetzt wird. In Russland weist das Verschütten von Salz darauf hin, dass sich demnächst Familienmitglieder zanken werden. Das alte deutsche Sprichwort »Wer Salz verschüttet, erregt Feindschaft« zeugt von einem ähnlichen Glauben. Auch in England wird verschüttetes Salz oft mit Wut und Streitigkeiten in Verbindung gebracht und soll Zwietracht in Freundschaften oder Familien säen. Zuweilen wird jemandem, der Salz verschüttet, ein gebrochenes Bein prophezeit. In Norwegen glaubt man, dass es außerdem auf die Menge ankommt: Je mehr verschüttet wird, desto mehr Tränen werden in naher Zukunft geweint, um das verlorene Salz aufzulösen. Mancherorts gilt: pro Gramm Salz eine vergossene Träne.

Sich eine Prise über die Schulter zu werfen – gewöhnlich über die linke – oder ein wenig von dem verschütteten Salz ins Feuer zu streuen, lässt jedoch hoffen, zumindest einen kleinen Teil des Unglücks abwenden zu können. Einige sind der Ansicht, man müsse das Salz auf jeden Fall mit der rechten Hand werfen. Manchmal heißt es auch, dass es wichtig sei, während der gesamten Prozedur kein Wort zu sagen. Sich Salz über die linke Schulter zu werfen, hat zusätzlich einen ganz praktischen Hintergrund: Dort soll der Teufel persönlich stehen. Ihm Salz in die Augen zu streuen, lenke ihn davon ab, größeren Schaden anzurichten. Denn Salz wird in vielen Kulturen zum Schutz gegen Hexen, Dämonen oder böse Geister eingesetzt, weswegen auch der Teufel es tunlichst meidet.

In Leonardo da Vincis Gemälde des letzten Abendmahls wird Judas dargestellt, wie er ein Salzfass umstößt. Vermutlich hat dies noch zum schlechten Ruf des Verschüttens von Salz beigetragen.

KLEIDUNG AUF LINKS TRAGEN

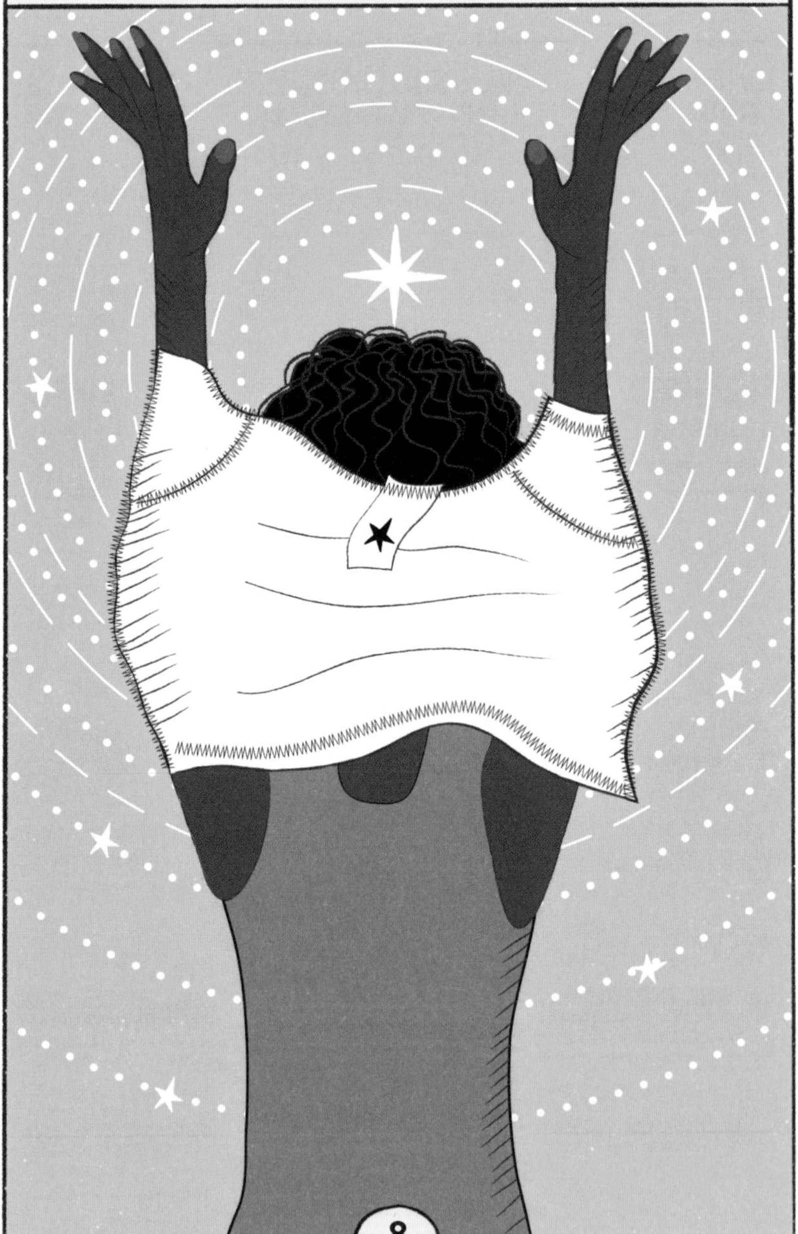

Wir alle haben es bereits getan: Wir haben uns in großer Eile angezogen und erst später gemerkt, dass wir ein Kleidungsstück auf links tragen. Auch wenn das ein einfach zu lösendes Problem ist, sollte man seinen Fehler nicht zu überstürzt korrigieren, da dies unerwünschte Konsequenzen für den restlichen Tag nach sich ziehen könnte.

Im England des 16. Jahrhunderts wurde das Tragen auf links als Ursache für großes Unglück betrachtet. Jedoch galt ab der Mitte des 18. Jahrhunderts genau diese Tragweise als Zeichen für großes Glück – solange die Kleidung nicht in ihren korrekten Zustand zurückversetzt wurde. Falls doch, würde sich auch das Glück umkehren. Als glückbringend gilt es zudem nur, wenn es versehentlich geschieht.

In Yorkshire war das sogenannte »smock turning«, also »Kittelumdrehen«, üblich, bei dem Frauen ihre Kleidung auf links trugen, um ihren Angehörigen auf See günstigen Wind zu bescheren. Dabei brachten manche Kleidungsstücke mehr Glück als andere: Ein auf links gedrehter Strumpf bescherte mehr Glück als auf links gedrehte Unterröcke oder Westen.

Auch in Irland galt eine auf links gedrehte Socke als Glücksbringer. Ein weit verbreiteter Volksglaube besagt, dass das Kleidungsstück bis zum Entkleiden am Abend auf links bleiben muss. In China ist man sich nämlich sicher, dass auch das Glück wieder zurückgenommen wird, wenn man die Kleidung korrigiert. Auf Zypern hingegen herrscht der gegenteilige Volksglaube: Der Tag wird genau gegensätzlich dazu verlaufen, wie man ihn geplant hat, wenn man seine Kleidung auf links trägt. Auch in Ägypten wird die Ansicht vertreten, dass man am Tage schlafen und dafür die ganze Nacht wach sein würde, da auch der Tag auf links gedreht ist.

Seine Kleidung auf links zu tragen, kann auch bedeuten, dass man einem Fremden begegnet. Oder ein Geschenk erhält, wenn man an einem Montagmorgen den rechten Strumpf verkehrt herum anzieht.

In den USA gibt es einen Brauch bei Kindern, die sich Schnee herbeiwünschen: Auf links getragene und nach hinten geknöpfte Pyjamas sollen starken Schneefall verursachen.

Seine Kleidung absichtlich auf links zu tragen, soll einen zudem davor bewahren, von Kobolden oder Feen in die Irre geführt zu werden.

IN DER NEUJAHRSNACHT ZWÖLF TRAUBEN ESSEN

Es ist eine spanische Tradition, an Nochevieja, der »alten Nacht« oder Neujahrsnacht, an einem landesweiten Ritual teilzunehmen, um Glück für das kommende Jahr heraufzubeschwören. Sobald um Punkt zwölf das neue Jahr eingeläutet wird, muss jeder zwölf Trauben essen, eine bei jedem Schlag. Doch nicht nur das, man muss sie auch komplett aufessen, bevor der letzte Schlag endet. Nicht nur eine beachtliche Leistung, sondern auch eine Herausforderung, die oft für viel Heiterkeit und Wettstreit sorgt.

Der früheste bekannte Nachweis dieser Tradition »las doce uvas de la suerte«, also die Glückstrauben zu essen, stammt aus dem Jahr 1909. Manche behaupten, das Ritual sei damals erstmals durchgeführt worden, da es in Alicante zu einer überreichen Traubenernte gekommen war und die Winzer sich etwas einfallen lassen mussten. Allerdings gibt es Belege dafür, dass man zu diesem Zeitpunkt bloß eine Tradition aus dem späten 19. Jahrhundert hat wiederaufleben lassen.

Jede Traube steht für einen Monat des Jahres: Eine saure Traube verheißt einen ebenso sauren Monat, ist sie süß, kann man auf einen glücklichen Monat hoffen. Schafft man es nicht, alle Trauben vor dem Verklingen der Glocken aufzuessen, wird einen das Pech verfolgen. Um das Glück fürs neue Jahr sicherzustellen, sollte man an Silvester zudem rote Unterwäsche tragen. Aledo-Trauben werden am häufigsten zu diesem Anlass gekauft. Die hellen Trauben eignen sich mit ihrer besonders dünnen Schale perfekt, um schnell gekaut und heruntergeschluckt zu werden. Die Tradition ist so beliebt, dass man in vielen spanischen Supermärkten zwölf abgepackte und bereits geschälte Trauben kaufen kann.

Die Tradition hat sich in den letzten Jahren stark verbreitet, bis in einige Gegenden Zentral- und Südamerikas. Auch in Mexiko isst man zwölf Trauben, die jeweils einen Monat repräsentieren. Dort steht zusätzlich jede Traube für einen Wunsch – schafft man es, alle rechtzeitig aufzuessen, sollen sie alle in Erfüllung gehen. Bei einer Variante der Tradition nimmt man zwölf runde Früchte, und jeder muss einmal von jeder abgebissen haben, bevor die Glocken verklingen.

Doch Vorsicht: Wenn man die erste Traube zu früh isst, also noch vor dem ersten Glockenschlag, steht einem ein Jahr voller Unglück bevor.

EINEN SPIEGEL ZERBRECHEN
10

Ein Aberglaube, den man fast überall kennt, ist der, dass ein zerbrochener Spiegel eine absolute Katastrophe ist. Die Konsequenz daraus ist eindeutig: Einen Spiegel zu zerbrechen, bedeutet sehr häufig, dass in Kürze ein Familienmitglied sterben wird. Doch es kann auch zu einem Zerwürfnis mit einem Freund kommen – einer anderen sehr unschönen, wenn auch weniger endgültigen Konsequenz.

In Russland steht das Zerbrechen eines Spiegels für großes Unglück für einen Freund. Generell gilt, dass man sich unter keinerlei Umständen in dem zerbrochenen Spiegel betrachten sollte – ein Volksglaube, den man auch in Indien und anderen Teilen der Welt kennt: Im Laufe der Geschichte glaubte man in vielen Kulturen, dass ein Spiegel die Seele des Menschen, der darin zu sehen ist, in sich birgt. Es liegt also nahe, dass auch der Seele Schaden zugefügt wird, sobald das Glas in Mitleidenschaft gezogen wird.

Dass ein zerbrochener Spiegel zu sieben Jahren Unglück führe, bringt man seit langer Zeit in Zusammenhang mit dem Glauben der Römer, dass der Körper sich alle sieben Jahre erneuere. Schriftlich wird diese Annahme erst Mitte des 19. Jahrhunderts in England festgehalten. Auch in Deutschland und Italien ist dieser Glaube verbreitet.

Geht trotz aller Vorsicht ein Spiegel zu Bruch, sollte man sich nicht dazu verleiten lassen, die Scherben zu behalten, da dies das Unglück nur noch verstärkt. Stattdessen sollte man die Scherben im Licht des Vollmonds vergraben oder sie zu Pulver zermahlen – so könnte das Unglück noch abgewendet werden.

Doch dieser Aberglaube bezieht sich nicht nur auf uns Menschen. Im England des 19. Jahrhunderts nahm man an, dass eine Katze den Preis dafür zahlen muss, wenn eine andere einen Spiegel zerbricht.

Wenn man während des chinesischen Neujahrsfests einen Spiegel zerbricht, kann man das Glück möglicherweise noch abwenden, indem man die Scherben aufsammelt und sie in roten Stoff oder rotes Papier wickelt, um sie am fünften Tag in einen See oder Fluss zu werfen.

Manche glauben, dass auch die Größe des Spiegels eine Rolle spielt: Einen kleinen zu zerbrechen, bringt weniger Jahre Unglück als einen großen. Und sollte man einen Spiegel fallen lassen, ohne dass dieser zerbricht, kann man aufatmen: Großes Glück steht bevor!

FREITAG DER 13.
13
11

13

Wenn es einen Tag gibt, an dem man besonders vorsichtig sein sollte, dann ist das sicher Freitag, der 13. Tatsächlich ist die Angst vor diesem Tag in Teilen der westlichen Welt so groß, dass es dafür sogar einen Fachbegriff gibt: Paraskavedekatriaphobie.

In den USA gibt es in 80 Prozent aller Hochhäuser kein 13. Stockwerk, und häufig findet sich in Krankenhäusern und Hotels auch kein Zimmer mit der Nummer 13. In England fehlt in manchen Straßen die Hausnummer 13, wohingegen im schottischen Edinburgh und im kanadischen Vancouver diese Praxis offiziell untersagt wurde.

Jahrhundertelang wurden Freitage und die Nummer 13 unabhängig voneinander geschmäht, erst Mitte des 19. Jahrhunderts wurden beide zum Gipfel allen Unglücks kombiniert, als der dieser Tag heute gilt. Als eine mögliche Quelle wird die nordische Mythologie genannt, die besagt, dass Loki, der Gott des Schabernacks, als ungebetener 13. Gast bei einem Abendessen in Valhalla erschienen ist, was sich als großes Unglück herausstellte, da darauf Chaos, Tod und Trauer folgten. Weitere Bestärkung findet die Kombination im christlichen Glauben, denn Judas wohnte an Karfreitag dem letzten Abendmahl als 13. Jünger bei, und der Tatsache, dass Tempelritter im Jahr 1307 an einem Freitag, dem 13. gefangen genommen wurden.

Unter anderem in England, Deutschland und Neuseeland wird Freitag, der 13. als Unglücksbringer betrachtet. In Spanien ist es *martes trece*, also Dienstag, der 13., den man meiden sollte, ebenso wie in Griechenland, wo die Eroberung Konstantinopels im Jahr 1204 auf dieses Datum fiel. In Italien ist es Freitag, der 17., der als unheilvoll gilt. Im alten Ägypten hingegen war die 13 sogar als Glückszahl bekannt, und auch im heutigen Italien gilt sie als solche.

Neigt man wirklich dazu, sich an einem Freitag, den 13. in größere Schwierigkeiten zu bringen? Einige Studien zeigen tatsächlich eine höhere Verkehrsunfallrate, andere hingegen das genaue Gegenteil: Da viele vermeiden, aus dem Haus zu gehen, oder besonders vorsichtig sind, soll man an diesem Tag sogar sicherer sein als an anderen Tagen! Und noch ein paar gute Neuigkeiten: Freitag, der 13. tritt bloß ein- bis dreimal pro Kalenderjahr auf. Es könnte schlimmer sein!

REGENSCHIRME DRINNEN ÖFFNEN

12

An einem verregneten Tag greifen viele von uns nach einem Regenschirm. Wer dazu neigt, diesen schon vor Verlassen des Hauses zu öffnen oder ihn zum Trocknen geöffnet in den Flur zu stellen, sollte sich das noch einmal überlegen. Denn an vielen Orten glaubt man, dass das Öffnen des Regenschirms in geschlossenen Räumen Pech bringt.

Manche gehen davon aus, dass dieser Aberglaube seinen Ursprung im Altertum hat: Im alten Ägypten glaubte man, dass das Öffnen eines Sonnenschirms in Innenräumen dem Sonnengott Ra gegenüber respektlos sei und ihn verärgern würde. Andere glauben, dass das Öffnen eines Schirms Hausgeister verärgert, da man dadurch den von ihnen gebotenen Schutz zurückweist.

Erst seit der zweiten Hälfte des 19. Jahrhunderts werden Schirme auch zum Schutz gegen Regen eingesetzt, und in England stammen die meisten Belege für diesen Aberglauben aus der viktorianischen Epoche und späteren Zeiten. Damals besaßen Regenschirme einen Federmechanismus, der genug Kraft besaß, um einem Menschen oder Gegenstand erheblichen Schaden zuzufügen. Aufgrund dieser Verbindung zu Unfällen – und vielleicht auch als Abschreckung – verbreitete sich der Aberglaube, es bringe Unglück, einen Schirm in geschlossenen Räumen zu öffnen.

Das Unglück gilt entweder generell oder spezieller als Streit oder Regen. Wem das Öffnen an sich noch nicht ausreicht, kann sich den Schirm zusätzlich über den Kopf halten – es heißt, dass dann der Tod auf einen lauert. Einen Regenschirm mit der offenen Seite nach oben aufzuhängen, ist ebenfalls riskant: Opportunistische Kobolde könnten sich dort einnisten und herausfallen, wenn man den Schirm öffnet. In manchen Gegenden von Frankreich wird es nicht gern gesehen, wenn man einen geöffneten Schirm zum Trocknen ins Haus stellt. Und mancherorts glaubt man, dass es Unglück bringt, einen Schirm auf ein Bett zu legen, da dies Krankheiten oder sogar den Tod ins Haus hole.

Wenn man an einem sonnigen Tag im Freien einen Regenschirm öffnet, begibt man sich angeblich in Gefahr oder fordert Regen heraus. Einen geschlossenen Schirm mit sich zu führen, soll jedoch eine gute Möglichkeit sein, den Regen fernzuhalten!

WEIN VERSCHÜTTEN
13

Ein schönes Glas Wein ist für viele das Getränk der Wahl, egal ob zu Hause oder bei einem Abendessen im Freundeskreis. Schon aufgrund seines Designs fällt so ein Weinglas auch gerne mal um, und egal, wie vorsichtig man ist, es geschieht immer mal wieder ein Unglück. Doch was bedeutet das für unser Schicksal?

In vielen Kulturen bringt es ganz allgemein Pech, Wein zu verschütten. Laut Annahme der alten Römer bedeutet das versehentliche Verschütten von Wein, dass einem eine große Katastrophe bevorsteht. So sorgt das versehentliche Verschütten von Wein – sei es auf dem Tisch oder dem Boden – neben dem eigentlichen Verlust des Getränks auch sonst für großes Pech. Schon der kleinste Tropfen kann zu schlimmen Konsequenzen führen. Doch es gibt ein Gegenmittel: Wenn man Wein verschüttet, tupft man sich einfach ein wenig davon hinter beide Ohren – manchmal heißt es, es sei wichtig, dafür den Mittelfinger der rechten Hand zu benutzen –, und dann geht hoffentlich doch alles gut aus!

Absichtlich Wein zu verschütten, gilt hingegen oft als gutes Omen. Etwas Wein auf das Deck eines Schiffes zu gießen, soll der bevorstehenden Reise Glück bescheren. Das Zerbrechen eines mit Wein gefüllten Glases auf einer Hochzeit soll dem Paar eine glückliche und lange Ehe voller Liebe bescheren. Im 17. Jahrhundert festigte sich der Glaube, wenn Wein auf den Schoß einer Person vergossen wird, könne man das Unglück noch abwehren, wenn in deren Richtung Salz verstreut wird.

Das Verschütten von Wein kann auch einem anderen Zweck dienen: So war dies im 16. und 17. Jahrhundert gängige Praxis zur Weissagung zukünftiger Ereignisse. Das Schicksal kann aber auch durch das Verschütten anderer Getränke beeinflusst werden: Im England des 17. Jahrhunderts galt es als gutes Omen, ein Getränk über einer Person zu vergießen oder in ihrer Nähe Bier zu verschütten.

AUF HOLZ KLOPFEN
14

Der Brauch, Holz zu berühren oder darauf zu klopfen, um Unglück abzuwehren, ist auf der ganzen Welt verbreitet. Oft wird er durchgeführt, wenn jemand eine besonders optimistische Aussage getroffen hat – zum Beispiel, dass etwas Schlimmes noch nicht eingetreten sei – oder wenn über Zukunftspläne gesprochen wird, da das Klopfen auf Holz bevorstehendes Unglück abwenden soll. In England und Australien berühren die Menschen das Holz lediglich, während in den meisten anderen Ländern darauf geklopft wird.

Ein möglicher Ursprung dieses Aberglaubens könnte sein, dass man früher auf Bäume klopfte, um die darin lebenden Naturgeister um Schutz zu bitten. Ein weiterer ist, dass es Glück bringen soll, ein Stück des Holzes von Jesus' Kreuz zu berühren. Eine andere, aus England stammende Theorie zieht die Verbindung zum Kinderspiel »tig touch wood«, eine Variante von „Fangenspielen", bei der man nicht erwischt werden kann, wenn man etwas aus Holz berührt.

Die Zahl, wie oft man das Holz berühren oder darauf klopfen muss, variiert. Vielerorts reicht es, einmal zu klopfen. In Deutschland, Georgien, Portugal und Brasilien muss man dreimal klopfen. Im irischen County Clare sind zwei Klopfer ausreichend. In Dänemark klopfen die Menschen dreimal unter einen Tisch und sagen dabei *syv, ni, tretten* – sieben, neun, dreizehn –, eine Zahl pro Klopfer. In Schweden sollte man besser *Peppar, peppar tai tra* oder »Pfeffer, Pfeffer, klopf auf Holz« sagen, um das Unglück abzuwehren.

Auch die Art des Holzes kann eine Rolle spielen. Manche klopfen auf jegliche hölzerne Oberfläche, während andere denken, dass diese frei von Farbe oder Lack sein muss, um zu wirken. In manchen Gegenden Südamerikas, in Bulgarien und auch andernorts darf das Holz keine Beine haben. Manche glauben, dass man eine Tischplatte berühren, andere, dass man gegen deren Unterseite klopfen muss.

In Russland reicht klopfen allein nicht aus, oft wird es als notwendig erachtet, sich danach dreimal über die linke Schulter zu spucken. In Malaysia muss man zunächst auf Holz und danach gegen die eigene Stirn klopfen und dabei die Worte *tak cun tak cun* sagen.

In einer ironischen Verdrehung klopfen manche Menschen gegen ihre eigene Stirn, wenn gerade kein Holz in der Nähe ist.

KUCHEN ANSCHNEIDEN
15

Wer verschmäht schon ein leckeres Stück Kuchen? Viele von uns genießen gerne mal einen kleinen Gaumenschmaus, doch nur wenige sind sich bewusst, dass laut Volksglauben das Anschneiden des Kuchens so manche Gefahr birgt.

Gemäß skandinavischer Überlieferung sitzt man ganz schön in der Tinte, wenn das Kuchenstück beim Anschneiden oder beim Heben auf den Teller zur Seite kippt. In Schweden sollte man sich dann auf ein Leben als alte Jungfer einstellen, da man niemals heiraten wird. In Dänemark und in Deutschland findet man zwar dennoch sein Liebesglück, doch die dazugehörige Schwiegermutter wird einem wohl kein Vergnügen bereiten. Da zieht wohl so mancher den schwedischen Glauben vor! Der Volksglaube, dass ein umgestürztes Stück Kuchen Unglück bringt, existiert aber auch in anderen Ländern, und in einigen ist man überzeugt, mit den Worten »Brot und Butter« könne man dem entgegenwirken.

Man sollte also allgemein vorsichtig mit Kuchen sein, aber bei besonderen Anlässen birgt er noch mehr Gefahrenpotenzial: An einem Geburtstag muss das Geburtstagskind den Kuchen als Erstes anschneiden und sich zuvor etwas wünschen. Im Libanon und in Jordanien gilt für das Wünschen, dass es während des Schneidens getätigt werden muss – zusätzlich muss die stumpfe Seite des Messers benutzt werden. Andernorts sollte man einen Geburtstagskuchen nicht ganz bis zum Boden durchschneiden, da sonst davon auszugehen ist, dass man niemals heiraten wird. Manche Menschen vermeiden es zudem, den Kuchen einmal komplett zu halbieren, denn das sei eine todsichere Methode, Unglück zu beschwören.

Was die Hochzeitstorte betrifft: Diese sollte für Wohlstand und Glück im neuen Lebensabschnitt immer von der Braut angeschnitten werden. Auch sie sollte das Messer verkehrt herum halten. Doch Vorsicht: Es heißt, es bringt Unglück, die oberste Ebene einer Hochzeitstorte überhaupt vor dem ersten Hochzeitstag anzuschneiden.

Wenn man mehrere kleine Küchlein backt, sollte man den ersten, der aus dem Ofen kommt, vorsichtig entzweibrechen, um die Qualität aller Kuchen sicherzustellen, die noch am gleichen Tag gebacken werden. Sollte man diesen stattdessen voreilig aufschneiden, werden alle weiteren Kuchen matschig.

DEM EIGENEN DOPPELGÄNGER BEGEGNEN
16

Es gibt den Aberglauben, dass jede Person eine:n Doppelgänger:in besitzt – ein exaktes Ebenbild ihrer selbst. In Deutschland und England ist die Begegnung mit der eigene:n Doppelgänger:in als Zeichen für den bevorstehenden Tod gefürchtet. Wenn jemand anderes eine:n Doppelgänger:in einer Person sieht, weist dies darauf hin, dass das »Original« bald krank wird.

Der Begriff wurde im späten 18. Jahrhundert geprägt, doch der Volksglaube an ein Seelenduplikat existiert schon viel länger. Im nordischen Glauben gibt es den sogenannten *vardøger*. Dieses Wesen vollführt die Handlungen einer Person, bevor diese es selbst tut, und diejenigen, die einem solchen begegneten, berichten davon, die Person noch vor ihrer Ankunft gehört oder gesehen zu haben – eine seltsame, umgekehrte Form des Déjà-vu. Bei den alten Ägyptern sprach man vom *Ka*, einem Teil der Seele, der mit der einer bestimmten Person identisch ist.

In den Südstaaten der USA und weiteren Gebieten glaubt man, dass es umso schlimmer wird, je häufiger man seine:r Doppelgänger:in begegnet: Nach drei Sichtungen erwarte einen der Tod.

Einer der bekanntesten Berichte über Doppelgängersichtungen betrifft den ehemaligen Präsidenten der USA Abraham Lincoln. Lincoln erzählte seiner Frau, dass er zwei Reflexionen von sich im Spiegel gesehen habe, eine davon hätte viel blasser ausgesehen als die andere. Er soll seinen Doppelgänger noch einige Male gesehen haben – eine Tatsache, die seine Frau glauben ließ, dass Lincoln noch vor seiner zweiten Amtszeit sterben würde.

Katharina die Große, Elisabeth I. und der Schriftsteller Percy Bysshe Shelley sollen ebenfalls alle vor ihrem Tod ihrem eigenen Abbild begegnet sein. Sollten Sie also Ihrem Seelenduplikat begegnen, befinden Sie sich zumindest in guter historischer Gesellschaft!

ESSSTÄBCHEN IN DEN REIS STECKEN

Stäbchen sind dazu da, mit ihnen zu essen, und daher ergibt es absolut Sinn, sie ins Essen zu stecken, wenn man eine kurze Pause einlegt, richtig? Falsch! In vielen ostasiatischen Ländern sowie Gegenden der Welt mit großer asiatischer Gemeinde ist es absolut verpönt, die Stäbchen aufrecht in den Reis zu stecken.

Für dieses Tabu gibt es mehrere Gründe. In China stellte man als Opfergabe oft eine Schüssel Reis mit Stäbchen darin auf Gräber oder einen Ahnenschrein, falls die Ahnen hungrig sein sollten. Stäbchen in sein Essen zu stecken, könnte also die Toten verärgern oder diese sogar an den Esstisch rufen, da man sie wortwörtlich zum Essen einlädt. Auch in Japan wird sowohl in der shintoistischen als auch der buddhistischen Tradition den Seelen der Toten auf Beerdigungen eine Schale mit Reis und Stäbchen dargeboten. Auch hier besteht also eine enge Verbindung zum Tod.

Dann gibt es da auch noch den Brauch, auf Altären Weihrauchstäbchen zu entzünden, um die Verstorbenen zu betrauern. Essstäbchen sehen diesen sehr ähnlich, und so glauben einige, dass diese Nachahmung einer heiligen Handlung den Toten gegenüber respektlos sei und Unglück bringe.

In Japan sollte man seine Stäbchen generell nicht aufrecht irgendwo hineinstecken, denn dieses Bild gleiche der Zahl »4«, die dort den Tod symbolisiert. In manchen Gegenden hat sich dies zu dem ernsthaften Tabu entwickelt, jegliche Art von Besteck in Essen gleich welcher Art zu stecken.

Auch sollte man darauf achten, dass man nicht aus Versehen ein Stäbchen mit einem aus einem anderen Set vertauscht. In China müssen Dinge, die paarweise auftreten, immer zusammen bleiben, ansonsten riskiert man Unglück für sich und seine Liebsten. Auch seine Stäbchen auf den Boden fallen zu lassen, soll ein schlechtes Omen sein. Und zweifellos sollte man bei Tisch nicht mit seinen Stäbchen herumspielen: Das bringt zwar kein Pech, ist aber einfach eine Sache des guten Benehmens!

UNTER EINER LEITER HINDURCHGEHEN
18

Stand Ihnen schon einmal eine Leiter im Weg und Sie sahen sich mit dem Dilemma konfrontiert, entweder darunter hindurchzugehen oder einen großen Umweg zu laufen, um ebendas zu vermeiden? Dann sind Sie einer von vielen Menschen auf der Welt, die den Aberglauben für bare Münze nehmen, dass dies Unglück bringt. Manche glauben sogar, dass es für Ärger sorgt, auch nur einen Blick unter einer Leiter hindurch zu werfen oder etwas darunter zu halten.

Es heißt, dass eine Person, die dennoch darunter durchgeht, niemals heiraten wird, oder schlimmer noch, sterben wird und das vermutlich an einer Schlinge baumelnd. Doch warum soll es solches Unglück bringen? Es gibt verschiedene mögliche Ursprünge für diesen Aberglauben: Manche glauben, er reiche bis ins Alte Ägypten zurück, wo das Dreieck ein Symbol des Lebens und der Götter war. Wer unter einer Leiter hindurchgeht – die ein Dreieck bildet, wenn man sie irgendwo anlehnt –, könnte einen Blick auf eine Gottheit auf ihrem Weg nach oben oder unten erhaschen, wodurch man deren Zorn auf sich ziehen könnte.

Weiterhin besteht eine Verbindung zur christlichen Dreifaltigkeit: Wer unter einer Leiter hindurchgeht, zerreißt dieses heilige Dreieck – ein höchst blasphemischer Akt mit schwerwiegenden Folgen. Eine andere Verbindung zum Christentum ist durch die Kreuzigung gegeben, bei der angeblich eine Leiter am Kreuz lehnte.

Die vielleicht offensichtlichste Verbindung ist die zum Galgen, bei dessen Einsatz Verurteilte auf eine Leiter steigen, bevor sie zu Tode stürzen. In Frankreich heißt es, dass Verurteilte am Hinrichtungstag unter einer Leiter durchlaufen müssen – mehr als unglücklich!

Sie müssen dennoch unter einer Leiter hindurch? Noch ist nicht alles verloren! Umgehend »Brot und Butter« zu sagen, kann das Unglück noch abwehren. Oder man läuft rückwärts zu seinem Ausgangspunkt zurück. Sich dreimal über die Schulter zu spucken, kann das Unglück auch fernhalten, ebenso das Überkreuzen der Finger oder zu schweigen, bis man einen Hund sieht.

Ein Wunsch, den man beim Hindurchlaufen formuliert, geht sehr wahrscheinlich in Erfüllung. Zudem bringt es angeblich Glück, eine Leiter hinaufzusteigen, die eine gerade Anzahl an Sprossen hat.

BROT SCHNEIDEN
19

Brot steht auf der gesamten Welt ganz oben auf dem Speiseplan. So wichtig und teilweise auch heilig die Rolle ist, die es in so vielen Kulturen spielt, stellt sich oft auch die gleiche Frage: Wie schneidet man Brot am besten und was passiert, wenn man es falsch macht?

Laut Volksglauben bringt es Glück, Brot in geraden Schnitten zu teilen, man sollte also darauf achten, dabei nicht zu sehr zu zittern. Unglück soll demjenigen blühen, der Brot von beiden Enden her anschneidet, da als Folge dessen der Teufel über das eigene Haus fliegen soll. Es ist zudem ratsam zu überprüfen, ob das Brot mit der richtigen Seite nach oben zeigt, bevor man es anschneidet: Verkehrt herum angeschnittenes Brot kann dazu führen, dass man Schiffbruch erleidet oder sogar stirbt. Sehen Sie sich ein Brot gut an, wenn sie es anschneiden: Sollten Sie das große Pech haben, dass sich darin eine große Luftblase befindet – die einen Sarg darstellen soll –, wird Ihnen in Kürze der Tod begegnen.

Einige halten Brot für zu heilig, um es überhaupt mit einem Messer zu schneiden. Stattdessen sollte man zum Teilen die Hände benutzen, um bevorstehendes Unglück abzuwenden. In manchen Kulturen gilt, dass man vor dem Backen ein Kreuz in den Teig ritzen sollte, um den Teufel davon abzuhalten, sich auf das Brot zu setzen und es dadurch zu verderben.

Träume, in denen es um Brot geht, werden allgemein als gutes Zeichen betrachtet, da diese glänzende Zeiten ankündigen sollen. Und Wünsche, die man beim Greifen nach einem Stück Brot formuliert, sollen sich erfüllen. Es soll außerdem Glück bringen, Brot auf den Boden fallen zu lassen – doch nur, wenn es nicht mit Butter bestrichen ist, denn sollte es mit der Butterseite nach unten fallen, zieht dies wiederum Unglück nach sich.

Laut eines türkischen Volksglaubens ist Brot heilig, weshalb übrig gebliebene Scheiben nicht weggeworfen werden sollten, um kein Unglück heraufzubeschwören. Stattdessen sollte es aufgegessen oder an Vögel verfüttert werden.

DRECK AUS DEM HAUS KEHREN
20

Dieses Beispiel wird wohl so manchen Putzteufel überraschen, doch laut Aberglauben bringt es Pech, Dreck und Staub aus dem Haus zu kehren. Es heißt, man kehre dabei auch das Glück hinaus. Und wer würde das schon wollen?

In einigen europäischen Ländern soll es Pech verursachen, nach Einbruch der Dunkelheit zu kehren. Am besten fegt man den Dreck zur Hintertür hinaus und auf keinen Fall schon vor Sonnenaufgang. Ein Volksglaube, der in bestimmten Teilen Afrikas vorherrscht, besagt, dass man auch seinen Wohlstand und sein Glück hinauskehrt, wenn man nach Einbruch der Dunkelheit das Haus fegt.

Auch soll es Unglück bringen, einen Tisch mit einem Besen zu reinigen. Einen unerwünschten Gast kann man wiederum davon abhalten, noch einmal wiederzukommen, indem man sein Zimmer ausfegt, sobald er oder sie dieses verlassen hat.

Es spielt zudem eine entscheidende Rolle, wer sich gerade in der Nähe befindet: Kehrt man über die Füße einer Person, die nicht vergeben ist, wird diese im laufenden Jahr nicht mehr heiraten – oder vielleicht auch niemals. Falls die Person bereits verheiratet ist, stehen ihr schlechte Zeiten bevor. Direkt im Anschluss auf den Besen zu spucken, soll angeblich das Unglück noch abwenden.

In den ersten drei Tagen einer Trauerphase sollte – aus Sorge vor Unglück und um die verstorbene Person nicht zu beleidigen – überhaupt nicht im Haus gekehrt werden. In China bleiben bis zwei Tage nach dem Neujahrsfest die Besen unberührt, da man andernfalls das bevorstehende Glück des neuen Jahres hinauskehre.

Laut eines englischen Reims können Besen auch einen Einfluss auf zwischenmenschliche Beziehungen haben: »Buy a broom in May, sweep a friend away.« – »Kauf einen Besen im Mai, ist die Freundschaft vorbei«. Das Tabu, im Mai einen Besen zu kaufen, wenn man vermeiden will, einen Freund zu verlieren, war im Südengland des 19. und frühen 20. Jahrhunderts so stark verbreitet, dass viele Geschäfte in diesem Monat einen starken Rückgang der Verkaufszahlen beklagten. In extremen Fällen hatte das Tabu sogar einen negativen Einfluss auf den Verkauf von Zahnbürsten!

NACHTS EINE EULE SCHREIEN HÖREN
21

Es gibt kein eindringlicheres Geräusch als das Kreischen einer Eule, das die nächtliche Stille durchbricht. Es ist also kaum verwunderlich, dass diese majestätischen Wesen seit Anbeginn der Menschheit mit dem Magischen, dem Dunklen und dem Furchteinflößenden in Verbindung gebracht wurden.

Obwohl sie von den alten Griechen aufgrund ihrer Verbindung zur Göttin Athene verehrt wurde, hat sich die Eule bald einen Ruf als dunkles und todbringendes Wesen erarbeitet. Ovid beschrieb 15 n. Chr. den »Unheil verkündenden Laut« der Eule, und sowohl bei Shakespeare als auch bei vielen seiner Schriftstellerkolleg:innen wird der Schrei der Eule immer wieder als Todesomen bezeichnet. Schnee- und Schleiereulen waren ganz besonders gefürchtet, und im England des 19. Jahrhunderts glaubte man, das ihr Schrei einen in naher Zukunft eintretenden Tod verkünde. Auch eine Eule auf dem Dach, in der Nähe eines Fensters oder in einem Traum ist ein vermeintlich sicheres Zeichen dafür, dass bald jemand stirbt.

In der walisischen Folklore wird vom *Aderyn y Corph* oder Leichenvogel berichtet, einem Botschafter des Todes, dessen Rufe vor der Tür der Person zu hören sind, die bald sterben wird. Man nimmt an, dass diese Märchen sich auf den Ruf einer Schleiereule beziehen. In Frankreich soll eine schwangere Frau, die den Schrei einer Eule hört, ein Mädchen erwarten. Wenn in Deutschland während einer Geburt Eulenschreie zu hören sind, soll das Kind angeblich sein Leben lang unglücklich sein.

Doch nicht nur bei Nacht sollte man den Ruf einer Eule fürchten. Nach Ansicht mancher ist es genauso Unheil verheißend, bei Tag eine Eule zu hören oder zu sehen. Auch der römische Schriftsteller Plinius der Ältere war dieser Meinung, was man noch über die Mitte des 19. Jahrhunderts hinaus in England und andernorts ganz genauso sah.

Doch Eulen werden nicht bloß als Vorboten der Verdammnis betrachtet. In Deutschland heißt es, dass es im aktuellen Jahr eine gute Ernte geben wird, wenn man beim Schrei einer Eule mit Münzen in der Tasche klimpert. Die Aborigines wiederum glauben, dass Eulen die Seelen von Frauen sind, und daher gelten sie als heilig.

UMKEHREN, WEIL MAN ETWAS VERGESSEN HAT

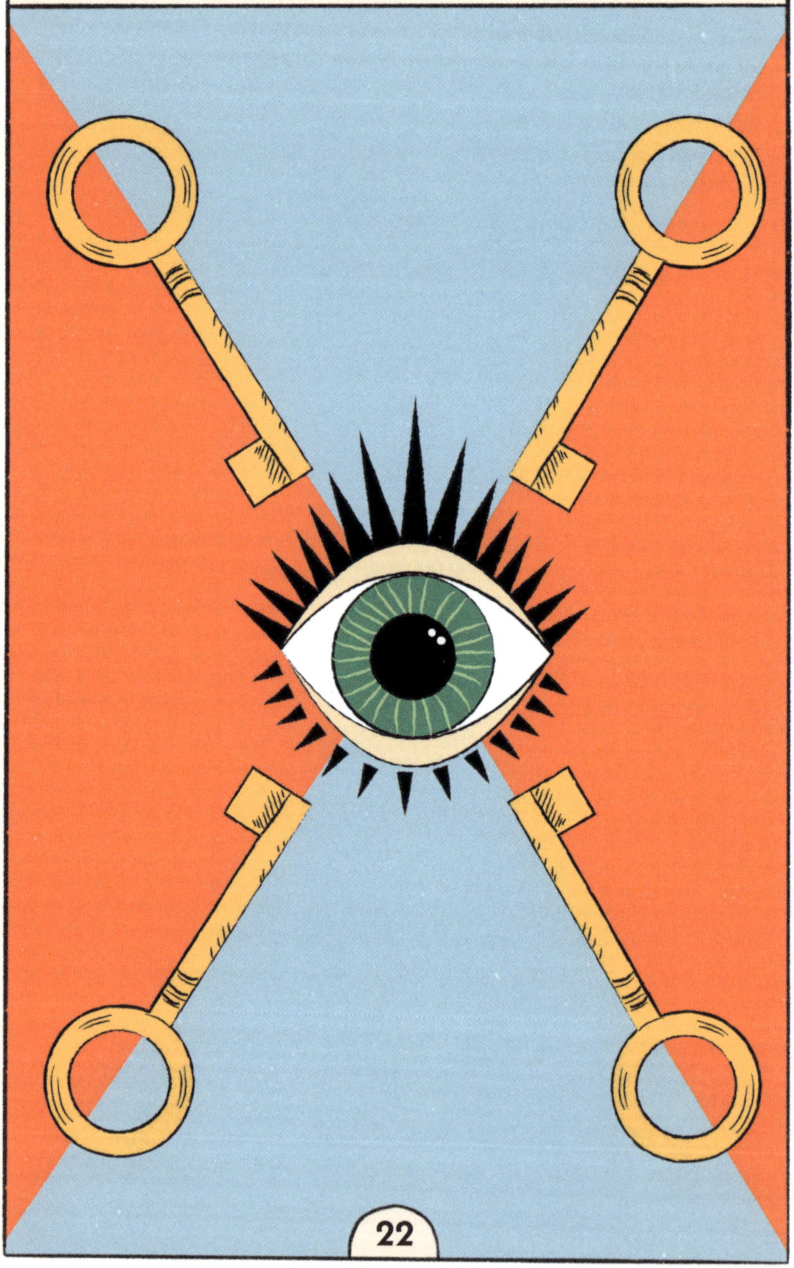

Wir alle haben es schon einmal erlebt: Man glaubt, man hätte an alles gedacht, spurtet aus dem Haus, um dann festzustellen, dass man doch etwas Überlebenswichtiges vergessen hat. Es wäre naheliegend, zurückzulaufen und die Sache zu holen, doch laut einem Aberglauben zieht diese Handlung jede Menge Pech für den bevorstehenden Weg nach sich.

In Rumänien glaubt man zum Beispiel, dass es Unglück bringt, für etwas Vergessenes umzukehren. In Polen heißt es, dass dadurch der gesamte restliche Tag gefährdet sei. Auch in Russland wird es als schlechtes Omen gesehen, etwas Vergessenes zu holen – wenn es doch auch ohne geht, ist es besser, man setzt seinen Weg einfach fort.

Dieser Aberglaube findet sich auch in einigen Gegenden der USA, Englands, in Teilen Osteuropas und Asien. In England muss es nicht einmal das eigene Haus sein, das man gerade verlässt – egal, aus welchem Haus man hinausgeht, es bringt Unglück zurückzugehen, weil man etwas vergessen hat.

Doch manche Dinge kann man schlicht nicht zurücklassen. Dann sollte man zumindest sichergehen, dass man zuerst noch in einen Spiegel sieht, bevor man das Haus ein zweites Mal verlässt. Das soll dem Unglück entgegenwirken und dafür sorgen, dass der Weg keine absolute Katastrophe wird.

Es gibt verschiedene weitere Möglichkeiten, das Pech noch abzuwehren. Am besten sollte man zuallererst jemanden, der sich noch im Haus befindet, darum bitten, die vergessene Sache mitzubringen, um das Problem zu umgehen. Wenn das keine Option ist und man auf jeden Fall wieder hinein muss, soll es helfen, vor dem erneuten Verlassen des Hauses zu lächeln oder sich für eine bestimmte Zeit hinzusetzen und auszuruhen.

EIN VOGEL IM HAUS
23

Vögel kommen im Aberglauben sehr häufig vor, und einem Vogel im Haus wird eine sehr große Bedeutung zugesprochen. Am häufigsten wird er als Zeichen dafür gesehen, dass jemand ums Leben kommen wird. In der englischen Überlieferung ist oft die Rede von Schwalben: Wenn eine durch den Kamin oder ins Schlafzimmer kommt, so werden die Bewohnenden vom Pech heimgesucht. Ganz besonders dramatisch ist es, wenn ein Vogel herein und dann wieder hinaus oder im Zimmer dreimal im Kreis fliegt, da dies eine Warnung vor einem sehr bald eintreffenden Todesfall sei. Landet der Vogel auf einer Stuhllehne, ist dies ein schlechtes Zeichen für denjenigen, der zuvor darauf saß.

In Zypern glaubt man, dass ein ins Haus fliegender Vogel sowohl Neuigkeiten als auch einen bevorstehenden Tod ankündigen könne. Auch die Farbe des Vogels kann eine Rolle spielen – so soll ein weißer Vogel den Tod eines Familienmitglieds bedeuten. Stirbt der Vogel im Haus, wird eine Tragödie umso wahrscheinlicher.

In einigen Fällen muss der Vogel nicht einmal ins Haus gelangen: Ein Vogel, der mit seinen Flügeln oder seinem Schnabel gegen ein Fenster schlägt, reicht für einige schon als Vorbote der Verdammnis aus. Manche Menschen erweitern diesen Aberglauben noch und meiden jede Abbildung und jedes Symbol eines Vogels in ihrem Zuhause – aus Angst, andernfalls Unglück heraufzubeschwören. Der amerikanischen Schauspielerin Lucille Ball (1911-1989) wird beispielsweise nachgesagt, sie habe große Angst vor Vögeln gehabt, da ihr Vater gestorben sei, kurz nachdem einer in sein Haus geflogen war. Selbst im Erwachsenenalter weigerte sie sich, in Hotels zu übernachten, in denen Bilder von Vögeln hingen, und sie riss bei sich zu Hause die Seidentapete mit Vogelmotiv von den Wänden.

In vielen asiatischen Ländern jedoch ist es ein positives Zeichen, wenn ein Vogel ins Haus fliegt, da dieser Wohlstand und Glück für die nahe Zukunft mit sich bringen soll. In Indonesien gilt dies besonders für Spatzen. Es kann auch bedeuten, dass bald eine Hochzeit gefeiert wird. Ein Vogel im Haus wird also nicht immer mit dem Tod in Verbindung gebracht. Er kann auch einfach Neuigkeiten ankündigen, selbst wenn diese nicht immer gut sein müssen.

HALS- UND BEINBRUCH

24

Stellen Sie sich folgende Szene vor: Der Vorhang geht auf, die Darstellenden vibrieren förmlich vor Vorfreude, und die langen Stunden harter Arbeit stehen kurz davor, sich endlich bezahlt zu machen. Dann, ganz plötzlich, spricht jemand die gefürchteten Worte: »Viel Glück.«

Anders als in anderen Bereichen der Gesellschaft ist man sich im Theater sicher, dass dieser Ausspruch eine Garantie dafür ist, dass die gesamte Aufführung eine absolute Katastrophe wird. Wenn man jemandem viel Erfolg wünschen will, sollte man besser »Hals- und Beinbruch« sagen. Die Wendung leitet sich angeblich vom Jiddischen Wunsch *hatsloche un broche* ab, etwa: »Erfolg und Segen.«

In England trat die sehr ähnliche Wendung »break a leg/brich dir ein Bein« das erste Mal in den 1920er-Jahren im Theaterkontext auf. Heute ist sie in ganz England und den USA bekannt. Bei ihr soll es sich um eine relativ freie Übersetzung der deutschen Wendung handeln. Manche glauben aber auch, dass der englische Ausdruck einen anderen Ursprung hat, zum Beispiel in dem Geräusch, das entsteht, wenn das zufriedene Publikum mit den Füßen oder Stuhlbeinen auf den Parkettboden hämmert, oder in der Tatsache, dass der englische Theaterschauspieler David Garrick (1717-1779) im 18. Jahrhundert mit einem gebrochenen Bein auftrat. Eine weitere unbelegte Annahme behauptet, dass es dabei um die sogenannte »leg line/Beinlinie« geht, also die seitlichen Vorhänge, hinter denen die Zweitbesetzung unbezahlt darauf wartet, eventuell eingesetzt zu werden. Erst wenn sie diese überschreiten, werden sie auch bezahlt.

»Viel Glück« wird übrigens auch in Norwegen gemieden, da man dort glaubt, dass dadurch der Adressat verhext wird. Stattdessen wünscht man sich *tvi tvi*. Diese Wendung soll dem Geräusch ähneln, das entsteht, wenn man spuckt – traditionellerweise wird das Spucken dazu eingesetzt, das Böse zu vertreiben.

In Frankreich wird vor Tanzaufführungen »merde/Scheiße« gesagt, in der Hoffnung auf ein volles Haus. Doch was haben Ausscheidungen mit Glück zu tun? Es heißt, dass dies seinen Ursprung im Paris des 19. Jahrhunderts habe, wo viele Pferdekutschen unterwegs waren. Je mehr Pferdemist nach einer Aufführung auf der Straße, desto erfolgreicher war diese.

EINEN HUT AUFS BETT LEGEN
25

Sie ziehen sich den Hut vom Kopf und überlegen, wo Sie diesen nun am besten ablegen? Für welchen Platz Sie sich auch immer entscheiden, es sollte jedenfalls unter keinen Umständen ein Bett sein.

Der Volksglaube, dass es Unglück bringt, einen Hut auf ein Bett zu legen, findet sich in vielen unterschiedlichen Kulturkreisen. Einer der frühesten Belege hierfür stammt aus der jamaikanischen Folklore des späten 19. Jahrhunderts. Dort heißt es darüber hinaus, dass ein Mann, der einen Hut auf ein Bett lege, nie heiraten würde.

Manchmal spielt auch die Positionierung des Hutes eine Rolle. Im Illinois des frühen 20. Jahrhunderts galt ein Hut auf dem Bett als Unglück bringend, es sei denn, man legt ihn mit der Krone nach unten darauf. Andere glauben jedoch, dass gerade die nach unten zeigende Krone das Unglück anzieht. Und wiederum andere sind der Meinung, dass es egal ist, wie der Hut auf dem Bett liegt, da er demjenigen, der zuvor darin geschlafen hat, so oder so Unglück beschert.

Auch in der Theaterwelt ist ein Hut auf dem Bett nicht gern gesehen, da dieser den Darstellenden Pech auf der Bühne bringt. Er kann auch zu einem Streit zwischen Freund:innen führen. Unter Cowboys ist dieser Aberglaube besonders stark verbreitet: Sie achten sehr darauf, ihren Hut auch ja an einen anderen Platz zu legen, um nicht vom Pech verfolgt zu werden. Manche glauben, dies könne sogar zu einer Verletzung oder zum Tod führen.

Einige sind der Meinung, dass sich dieser Aberglaube bis zu den US-Gangstern der 1920er-Jahre zurückverfolgen lässt. Es heißt, rivalisierende Gangs hätten sich damals in Hotelzimmern getroffen, und aus Sicherheitsgründen wurde jeder, der hinein wollte, zuvor nach Waffen durchsucht. Derjenige, der als Erster eintraf, legte seinen Hut aufs Bett und verschaffte sich einen Vorteil, indem er seine eigene Waffe darunter versteckte.

Eine ganz praktische, alternative Herleitung dieses Aberglaubens ist die, dass sich durch einen auf ein Bett gelegten Hut Kopfläuse darauf ausbreiten könnten.

SALZ IM NEUEN ZUHAUSE
26

Man kennt es auf der ganzen Welt: Salz spielt eine gewichtige Rolle bei Umzugsplänen. Seit Langem ist Salz für seine reinigende Eigenschaft bekannt, weshalb man es an vielen Orten der Welt ins neue Zuhause bringt oder darin verstreut, um der darin lebenden Familie in den nächsten Jahren Sicherheit zu gewährleisten und zu Wohlstand zu verhelfen.

In England beschert es dem neuen Heim Glück, wenn man auf der Treppe, in den Ecken und im Ofen Salz verstreut. Manche behaupten, Salz sollte das Erste sein, das man ins neue Zuhause bringt. Es über die Schwelle zu tragen oder es sich von einem Gast schenken zu lassen, soll denselben Effekt haben.

Eine Quelle aus dem frühen 20. Jahrhundert aus Tenby, Wales, beschreibt einen Mann, der Salz um ein Haus verteilt, bevor er irgendeinen Einrichtungsgegenstand hineinbringt, und eine Frau, die es auf die Treppenstufen streut – beides, um Glück ins neue Zuhause zu bringen.

Laut einer Tradition jüdischer Russ:innen sollten Salz und Brot das Erste sein, was in ein neues Zuhause gebracht wird: Salz, um dem Leben darin Würze zu verleihen, und Brot, um sicherzugehen, dass niemand hungern muss. Dieser Volksglaube ist weit verbreitet – auch in Deutschland ist dies Tradition.

In Indien bringt man ebenfalls Salz und Brot in ein neues Zuhause, und Salz vor Fenster und Türen zu streuen, soll das Haus vor bösen Geistern schützen. Vergessen Sie nur nicht, es nach einem Tag wieder aufzusaugen – damit beseitigen Sie gleichzeitig auch alles Böse! Auf den Philippinen verstreut man am Umzugstag stattdessen Münzen im Wohnzimmer.

Wenn Sie umziehen, nehmen Sie Ihr altes Salz besser nicht mit, lassen Sie es lieber zurück und kaufen sich neues, um das Glück im neuen Zuhause zu gewährleisten.

Lesen Sie vor dem Umzug auch noch einmal den Wetterbericht. Laut isländischem Aberglauben sichert einem ein Umzug an einem verregneten Tag ein wohlhabendes Leben im neuen Heim. Andere wiederum sind vom Gegenteil überzeugt und behaupten, dass man einen Umzug bei drohendem Regen besser absagen sollte.

NACHTS PFEIFEN
27

Pfeifen macht Spaß, auch wenn es nicht immer angenehm ist, einer anderen Person dabei zuzuhören. Dennoch sollte man es sich in bestimmten Momenten noch einmal gut überlegen, eine fröhliche Melodie zu zwitschern. Wenn man nach Einbruch der Dunkelheit pfeift, handelt man sich schnell mehr Ärger ein, als einem lieb ist.

In vielen Kulturen glaubt man, dass es Unglück bringt und Geister heraufbeschwört, wenn man nachts pfeift. In Korea und China heißt es, dass man beim Pfeifen in der Nacht die Geister dazu auffordert, einem zu folgen. Auch in Nigeria gilt, dass man dadurch böse Geister beschwört, was man natürlich um jeden Preis vermeiden sollte. In der Türkei pfeift man bei Nacht sogar den Teufel persönlich herbei. Der japanische Aberglaube besagt, dass man durch nächtliches Pfeifen eine Schlange beschwört – entweder eine echte oder eine Person mit unangenehmem Charakter. Man könnte aber auch von einem *Tengu* entführt werden, einem furchteinflößenden Dämon. Nachts auf einem Friedhof zu pfeifen, könnte andererseits sogar von Vorteil sein, da dies Gespenster und Hexen fernhalten soll.

Die Fischer von St. Ives, England, waren bekannt dafür, dass sie das Pfeifen bei Nacht für die größtmögliche Sünde hielten. Auf See zu pfeifen war an sich schon nicht gern gesehen, da es furchtbare Stürme auslösen könnte. Und das Letzte, was man während eines bereits tobenden Sturms tun durfte, war zu pfeifen, da man fürchtete, Tod und Zerstörung herbeizurufen.

Um jedem Übel entgegenzuwirken, das durch Pfeifen bei Nacht verursacht wurde, legt eine Quelle aus dem frühen 17. Jahrhundert nahe, dreimal ums Haus zu laufen und so das Unglück zu lösen.

Für eine Frau soll es angeblich immer Unglück bringen zu pfeifen, egal, zu welcher Uhrzeit, da sie dabei mit dem Teufel kommuniziere. Auch das Pfeifen in geschlossenen Räumen soll zu jeder Tages- und Nachtzeit Pech bedeuten, und in slawischen Kulturen soll es dem Pfeifenden Armut und finanziell schwere Zeiten bescheren. Andererseits glaubt man vielerorts auch, dass es sogar Glück bringt, am Morgen als Allererstes zu pfeifen.

AUF RISSE IM GEHWEG TRETEN
28

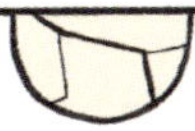

Kinder und Erwachsene kennen es gleichermaßen: Man vermeidet es aus Angst vor unfassbarem Grauen, auf die Risse oder Fugen zwischen zwei Pflastersteinen oder Gehwegplatten zu treten. Ein eher unbekannter Aberglaube besagt, dass man dadurch einem Familienmitglied Schmerz und Leid beschert.

Manche gehen sogar noch weiter und behaupten, dass es zu umso größerem Leid führe, auf je mehr Risse man tritt. Für jeden Riss oder jede Fuge wird einem unglücklichen Elternteil jeweils ein Knochen gebrochen. Man stelle sich dieses Grauen vor!

Einige Versionen dieses Aberglaubens betreffen jedoch die Person selbst, die auf die Risse tritt: Wo dieser Aberglaube verbreitet ist, werden Kinder früh davor gewarnt, dass sie dadurch von einem Bären oder Krokodil gefressen werden könnten, sodass sie auf dem Schulweg geflissentlich jedem Riss ausweichen. Bei anderen Versionen wurde das Prinzip übernommen, jedoch sind es andere Dinge, auf die man aus Angst vor schwerwiegenden Konsequenzen nicht treten darf. So beschwört man zum Beispiel beim Treten auf ein Loch das Unglück herauf, dass die Zuckerdose der eigenen Mutter zerbricht.

Aber warum haben Fugen einen derart schlechten Ruf? Manche behaupten, dass diese mit der Unterwelt verbunden sind und dass man beim Darauftreten riskiert, von einem Dämon heimgesucht zu werden, oder schlimmer noch, durch die Fuge direkt in die Höllenwelt hinabzustürzen.

Dieser spezielle Aberglaube ist heute noch quicklebendig, und eine aktuelle, in England durchgeführte Umfrage ergab, dass einer von zwanzig Befragten nicht auf Risse im Gehweg treten würden, auch wenn sie nicht vollkommen davon überzeugt waren, dass ihnen dadurch etwas Schlimmes zustößt.

DREIMAL NIESEN
29

Niesen wird schon seit Langem mit dem Wohlbefinden der Seele in Verbindung gebracht, daher verwundert es nicht, dass es sehr viele Aberglauben gibt, die mit diesem unfreiwilligen Reflex in Zusammenhang stehen.

Viele von ihnen drehen sich darum, was geschieht, wenn eine Person dreimal hintereinander niesen muss. Im Englischen existieren jede Menge Reime, die genau benennen, was den Betroffenen bei wie vielen Niesern erwartet. So soll die Person zum Beispiel bei einem Nieser einen Kuss bekommen, bei zweien geht ein Wunsch in Erfüllung, bei dreien erhält sie bald einen Brief und so weiter.

Die alten Griechen glaubten, dass das Niesen ein gutes Omen der Götter sei. In Japan, China und anderen ostasiatischen Ländern heißt es, dass über einen geredet wird, wenn man niesen muss. Einmal niesen und es wird gut über einen gesprochen, zweimal niesen und jemand redet schlecht über einen. Ein dritter Nieser und jemand ist verliebt in dich, doch viermal niesen deutet eine große Tragödie voraus.

Im England des 16. Jahrhunderts wurde oft behauptet, dass es ein böses Omen sei, ein- oder dreimal zu niesen. Zweimal zu niesen wurde hingegen als wünschenswert erachtet, da einem dann angeblich glückliche Zeiten bevorstehen. Doch es gab auch Ausnahmen: Drei Nächte in Folge zweimal hintereinander zu niesen, deutete darauf hin, dass demnächst jemand aus dem eigenen Hausstand sterben würde.

Doch nicht nur menschliche Nieser spielen eine Rolle: Wenn eine Katze dreimal hintereinander niest, gilt dies allgemein als gutes Omen. In Italien glaubt man jedoch, dass sich daraufhin der gesamte Haushalt erkälten würde.

Auch sollte man auf die Tageszeit achten, zu der geniest wird. In Island heißt es, dass jemand, der an einem Sonntagmorgen noch vor dem Frühstück dreimal hintereinander niesen muss, in der darauffolgenden Woche belohnt werden wird. In Kentucky, USA, könnte dies jedoch auch bedeuten, dass es entweder – je nachdem, wen man dort fragt – allgemein Glück bringt oder es im Laufe der Woche zu drei Todesfällen kommen wird. Einige sind zudem der Meinung, dass man niemals heiraten wird, wenn man dreimal hintereinander niesen muss.

EINE SPINNE TÖTEN

30

Viele Menschen leiden unter Arachnophobie, also der Angst vor Spinnen. Trotzdem sollte es sich jeder zweimal überlegen, sie deswegen unter dem nächsten Turnschuh zu beerdigen. In vielen Gegenden der Erde glaubt man nämlich, dass es extremes Unglück bringt, eine Spinne zu töten.

Sowohl in England als auch in den USA heißt es, dass man Spinnen am Leben lassen sollte, wenn man selbst ein langes Leben in Wohlstand führen möchte. Auch in Lettland gilt es als Unglück bringend, wenn man eine Spinne tötet – im Gegenteil wird es als Segen betrachtet, eine im eigenen Zuhause zu haben, und man würde daher mit der Spinne auch gleichermaßen das eigene Glück beseitigen. In Dänemark gilt derselbe Volksglaube, und in Frankreich verheißt es Glück, abends einer Spinne zu begegnen.

In Schweden und Finnland bedeutet, eine Spinne zu töten, Regen für den folgenden Tag, und in Qatar glaubt man, dass eine Spinne im Haus sogar ein Feuer löschen kann. In manchen Kulturen hängt es von der Tageszeit ab, ob es Glück oder Unglück bringt, eine Spinne zu töten. Eine japanische Redewendung lautet: »Lass Spinnen am Morgen leben, töte sie in der Nacht.«

Die im Deutschen bekannte Redewendung »Spinne am Morgen bringt Kummer und Sorgen« bezieht sich übrigens nicht auf die Krabbeltiere, sondern auf die Tätigkeit des Spinnens, der nur sehr arme Menschen bereits früh morgens nachgehen mussten.

Eine Quelle aus dem England des 18. Jahrhunderts belegt, dass man es zwar auch damals als Unglück verheißend betrachtete, eine Spinne zu töten, man aber häufig der Meinung war, dies sei bloß eine Ausrede fauler Hausfrauen, die angeblich die Spinnweben nicht beseitigen wollten. Mit der Gattung der Linyphiidae, besser bekannt als Glücksspinnen, wird jede Menge Glück verbunden. Einer von ihnen zu begegnen – oder besser noch, wenn eine von ihnen über die eigene Hand läuft –, verkündet Glück, vor allem im finanziellen Bereich.

Drohendes Unheil lässt sich womöglich verhindern, wenn man sich zumindest vor dem Töten bei der Spinne entschuldigt. Aber vielleicht sollte man sein Glück nicht herausfordern, wenn man bedenkt, dass in Vietnam der Glaube verbreitet ist, dass sich die eigene Seele nachts im Schlaf in eine Spinne verwandelt.

VOGELKOT
31

Vögel, vom kleinsten Spatz bis hin zum imposantesten Pfau, sind häufig zentraler Dreh- und Angelpunkt von Aberglauben. Ein weit verbreiteter Glaube dreht sich um ein Thema, das man in gehobener Gesellschaft tunlichst vermeiden sollte: Was hat es zu bedeuten, wenn ein Vogel beim Vorbeifliegen sein Geschäft auf einer Person verrichtet?

So sehr einen das auch überraschen mag, wird es doch allgemein als gutes Omen gesehen, wenn ein Vogel seine Exkremente auf jemandem hinterlässt. Der Grund hierfür ist unklar, auch wenn die meisten Leute glauben, dass dies daher rührt, wie selten ein solches Ereignis ist. Laut einiger Quellen werden etwa 15 000 Menschen pro Jahr von einem Vogel angekackt. Es heißt, die Wahrscheinlichkeit, im Lotto zu gewinnen, sei höher, und tatsächlich kaufen viele Menschen sich ein Lotterielos, nachdem ihnen das erste Glück bereits zuteilgeworden ist, in der Hoffnung, dass es ihnen weiterhin hold bleibt.

Auch in England hat man es lange Zeit als Zeichen für bevorstehendes Glück betrachtet, wenn man von Vogelkot getroffen wurde. Das gilt besonders dann, wenn es an einem Ostertag geschieht. Auch in Italien, China und Russland gilt es als gutes Omen. In der Türkei glaubt man, dass einem finanzieller Erfolg bevorsteht, wenn ein Vogel sein Geschäft auf einem verrichtet.

Manche sind der Ansicht, dass es davon abhängt, welcher Vogel seine Spuren auf einem hinterlässt. Einige glauben, dass man seine Kleiderwahl überdenken und besser noch einmal nach Hause gehen sollte, wenn man auf dem Weg in die Kirche von einer Krähe beschmutzt wird. Andere behaupten jedoch das genaue Gegenteil, nämlich dass es als ein Zeichen der Gunst gesehen werden sollte und man gerade dann auf direktem Weg und in dem Wissen in die Kirche gehen sollte, dass die eigene Kleiderwahl Gefallen gefunden hat.

In Australien kreisen viele Witze und Anekdoten um den sagenumwobenen *Foo Bird*. So heißt es, dass es zu großem Unglück und sogar zum Tod führen kann, wenn man den Kot dieses Vogels noch vor Sonnenuntergang aufwischt, weshalb es dort auch heißt: »Wenn dich der Foo-Vogel anscheißt, trag es!«

VERREGNETE HOCHZEIT
32

Die Blumen stehen bereit, die Buchung des Veranstaltungsorts wurde zweimal überprüft, der Kuchen, die Kleidung und die Gästeliste sind bis zur Perfektion vollendet. Eine Hochzeit zu planen, ist eine beachtliche Leistung, und am großen Tag alles im Griff zu haben, ein riesiger Erfolg. Doch es gibt eine Sache, die man einfach nicht mit hundertprozentiger Sicherheit vorausplanen kann: das Wetter. Die meisten Brautpaare wünschen sich wahrscheinlich einen strahlend blauen Himmel und Sonnenschein an ihrem besonderen Tag, doch laut einem Aberglauben sollten sie sich das vielleicht noch einmal durch den Kopf gehen lassen.

Es gibt sicher nur wenige besondere Anlässe, zu denen wir uns Regen herbeiwünschen, doch in manchen Gegenden der Erde soll es Glück bringen, wenn es am Tag der Hochzeit regnet. So ist es zum Beispiel in der hinduistischen Tradition der Fall: Dort heißt es, dass ein nasser Knoten nur sehr schwer zu lösen ist, weshalb auch die Ehe, die an einem verregneten Tag geschlossen wird, besonders lange halten wird.

Regen am Tag der Hochzeit kann auch deshalb ein gutes Zeichen sein, weil es in Zusammenhang mit Fruchtbarkeit gebracht wird und nahelegt, dass das Paar in den kommenden Jahren viele Kinder bekommen wird. Oder aber der Regen steht für die Reinigung von vergangenen Übeln, sodass die zukünftige Ehe frei von Sorge und schlechten Erinnerungen beginnen kann. Manche behaupten auch, der Regen repräsentiere die letzten Tränen, die die Braut in ihrem Leben je vergießt.

Eine Ausnahme bildet die irische Version dieses Aberglaubens: Hier glaubt man, dass jeder unheilverkündende Regentropfen an diesem Tag für eine Träne steht, die die Braut in Zukunft vergießen wird. Auch die Redewendung »Glücklich ist die Braut, auf die die Sonne scheint« rät, dass ein Brautpaar doch besser auf gutes Wetter an seinem großen Tag hoffen sollte.

EIN MESSER VERSCHENKEN
33

Wir machen uns seit Menschengedenken gegenseitig Geschenke. Auf diese Weise bringt man seine Freundschaft, Dankbarkeit oder seinen Respekt der beschenkten Person gegenüber zum Ausdruck. Doch es gibt einige Gegenstände, die man besser nicht verschenken sollte: Wenn man zum Beispiel etwas Scharfes wie ein Messer, eine Schere oder auch eine Brosche mit einem spitzen Verschluss verschenken möchte, sollte man dabei immer im Hinterkopf haben, dass hierzu ein ganz spezieller Aberglaube existiert.

Manche Menschen behaupten nämlich, dass es Unglück bringt, ein Messer geschenkt zu bekommen oder zu verschenken. Dies kann jedoch mit einer winzigen Ergänzung vermieden werden: Dem Schenkenden muss im Gegenzug ein geringer Geldbetrag überreicht werden, damit das Messer symbolisch abgekauft und nicht verschenkt wurde. Geschieht das nicht, wird die Freundschaft oder Liebe zwischen beiden Parteien unwiderruflich zerbrechen.

Auch in Kroatien und Russland schreibt der Aberglaube vor, dass man ein geschenktes Messer unbedingt bezahlen muss. In Lettland muss ein Schenkender das gesamte Geld für ein Messer oder eine Schere zurückerhalten, um Unglück zu vermeiden.

Der Volksglaube, dass Messer das Band der Freundschaft und Liebe durchtrennen können, ist seit dem 16. Jahrhundert in Europa weit verbreitet und hat sich im 20. Jahrhundert noch einmal verstärkt. In Somerset, England, galt es als verheerend, ein Messer oder irgendeinen anderen spitzen Gegenstand geschenkt zu bekommen, außer man bezahlte dieses Geschenk mit einem Penny. Eine Quelle belegt sogar, dass eine Beschenkte sich weigerte, aufgrund des spitzen Verschlusses eine Brosche als Geschenk anzunehmen, weswegen ein neues Präsent gekauft werden musste.

Nicht einmal das englische Königshaus bleibt von diesem Aberglauben verschont: Der Prinz von Wales erhielt während eines Besuchs in Sheffield ein Messer als Geschenk und überreichte im Gegenzug eine Gedenkmünze als Bezahlung. Und auch die Königin selbst offerierte ihrem Gegenüber eine Sixpence-Münze, als sie eine Schere gereicht bekam, mit der sie bei einer Einweihung das Band zerschneiden sollte – um kein Unglück heraufzubeschwören.

HAHNENSCHREIE
34

Der Schrei des Hahns, der den Aufgang der Sonne verkündet, ist auf der ganzen Welt bekannt, sowohl in ländlichen Gebieten als auch in den Vorstädten. Manche behaupten, dass hinter dem Hahnenschrei eine weitere, unheilvollere Bedeutung steckt. Besser, man hört also genauer hin, wenn man das nächste Mal einen in der Ferne krähen hört.

Bereits 65 n. Chr. ging man davon aus, dass der Hahnenschrei ein böses Omen sei, da dieser Ereignisse wie einen Hausbrand oder einen bevorstehenden Todesfall verkünden würde. In der Antike jedoch war er positiv besetzt und wurde als Siegesschrei betrachtet.

Im England des 17. Jahrhunderts war der Hahnenschrei vor allem dann ein schlechtes Omen, wenn man gerade zu einer Reise aufbrach, da diese dann unter keinem guten Stern stand. Auch in Irland sollte man nicht verreisen, wenn man beim Verlassen des Hauses einem krähenden Hahn auf der Türschwelle begegnet, da auf dieser Reise alles schiefgehen wird, was nur schiefgehen kann. Allgemein wurde ein krähender Hahn auf der Türschwelle als schlechtes Zeichen gesehen, aber angeblich verkündet dieser auch die Ankunft eines Fremden.

Noch Mitte des 20. Jahrhunderts wurde der Hahnenschrei als unheilverkündend betrachtet, wenn eine Frau ihn während der Geburt ihres Kindes vernahm: Dann stünde ihr eine unglückliche Zeit bevor.

Im Laufe der Geschichte wurde es auch häufig als schlechtes Omen betrachtet, wenn ein Hahn zu einer anderen Uhrzeit kräht als am frühen Morgen. Bei einem Hahnenschrei am Nachmittag schwant einem bereits Böses, doch ein Hahnenschrei um Mitternacht ist besonders beunruhigend, da dieser einen Todesfall verkündet. Es könnte aber auch einfach bedeuten, dass man bald unerwartete Neuigkeiten erhält.

Laut eines Aberglaubens der Shetland-Inseln in Schottland sollte man schleunigst die Füße eines Hahns befühlen, wenn man nach Anbruch der Nacht einen solchen schreien hört. Sind sie warm, kann man auf gute Neuigkeiten hoffen, sind sie kalt, kündigt auch dies einen bevorstehenden Todesfall an.

Auch wenn ein Hahn gackert wie eine Henne oder eine Henne kräht wie ein Hahn, wird dies als schlechtes Omen betrachtet.

EINE SCHWARZE KATZE KREUZT DEN WEG
35

Schwarzen Katzen hängt seit unzähligen Jahren ein wirklich schlechter Ruf an. Sie werden oft mit Hexen und schwarzer Magie in Verbindung gebracht. Ein weit verbreiteter Aberglaube besagt, dass es Unglück bringt, wenn einem eine schwarze Katze über den Weg läuft.

Auch in der Stadt Le Harpe in den USA glaubte man dies lange Zeit. Wenn die Katze jedoch bei einem zu Hause vorbeischaute, war das eine vollkommen andere Sache: Das wiederum sollte Glück bringen. In der Türkei kann man dem Unglück, das eine schwarze Katze mit sich bringt, entgegenwirken, indem man schnell etwas Schwarzes berührt.

Auch in den Niederlanden, in Dänemark und anderen europäischen Ländern verheißt eine den Weg kreuzende schwarze Katze Pech. In Norwegen und Schweden muss man nach einer solchen Begegnung dreimal ausspucken, um das Unglück abzuwenden. In anderen Regionen kommt es ganz darauf an, aus welcher Richtung die Katze kommt. In Deutschland kann man sich entspannen, wenn sie von links kommt, denn das bringt sogar Glück. Kreuzt sie den Weg jedoch von rechts, bedeutet es auch hier, dass einen das Pech verfolgen wird. In China steht eine schwarze Katze in Zusammenhang mit Armut und Hunger. Wird eine Katze vermisst, sollte man sich generell auf baldiges Unglück einstellen.

In England hat man lange Zeit keine schwarzen, sondern weiße Katzen als Unglücksboten betrachtet, schwarze galten hingegen als Glücksbringer. In Wales und anderen Teilen Englands konnte man das durch eine weiße Katze beschworene Unglück nur mithilfe einer gänzlich schwarzen Katze neutralisieren.

Wenn eine schwarze Katze auf der eigenen Türschwelle erscheint, bringt es übrigens Glück, sie auch hereinzubitten. In Yorkshire glaubte man zudem, dass schwarze Katzen Seeleute beschützten, wenn sie mit an Bord waren. Und auch in Japan betrachtet man es als gutes Omen, wenn eine schwarze Katze den eigenen Weg kreuzt, in Indien hingegen muss man schon drei schwarzen Katzen begegnen, damit dieses Zusammentreffen Glück bringt.

GLEICHZEITIG SPRECHEN
36

Ist es Ihnen schon einmal passiert, dass sie im exakt gleichen Moment genau dasselbe gesagt haben wie Ihr Gegenüber? Außer dass sie mit dieser Person vollkommen im Einklang sind, hat dies in verschiedenen Gegenden der Welt noch weitere Bedeutungen.

Ein Volksglaube aus dem England des 18. Jahrhunderts besagt, dass derjenige, der etwas ausspricht, was ein anderer gerade sagen wollte, als Erstes von beiden heiraten wird. Oder eben derjenige, der den Satz als Erstes beendet, wenn beide gleichzeitig reden.

Anderswo bedeutet Letzteres, dass beide sich etwas wünschen können. Im England des späten 19. Jahrhunderts mussten die zwei Personen ihre kleinen Finger miteinander verhaken, bevor sie sich etwas wünschten – das natürlich in Erfüllung geht. Dieser Volksglaube hat sich im Laufe des 20. Jahrhunderts ausgeweitet und ist immer komplexer geworden. In Somerset müssen die zwei Personen nach Beenden des gemeinsamen Satzes schweigen, bis sie die Finger der jeweils rechten Hand ineinander verhakt, laut den Namen eines Schriftstellers gerufen und sich im Stillen etwas gewünscht haben. Allerdings dürfen weder Shakespeare noch Burns genannt werden, da der Wunsch sich sonst nicht erfüllt. Ein kleiner Reim könnte noch folgen, wenn man ganz sicher gehen will, dass der Wunsch in Erfüllung geht.

In Suffolk müssen beide etwas aus Holz und dann ihr Knie berühren und danach pfeifen. Der Erste, der mit dem Ritual fertig ist, erhält angeblich einen Brief. Der amerikanische Volksglaube besagt, dass man die Finger verhaken, sich etwas wünschen und »Daumen« rufen muss. Dann wird auch wieder der Name eines Schriftstellers genannt, bevor eine Reihe komplexer Fragen und Äußerungen folgt, die sicherstellen sollen, dass die Wünsche sich erfüllen.

In Estland wird das Unglück mithilfe eines komplexen Rituals abgewendet. Beide Personen müssen sich etwas wünschen, die kleinen Finger ineinander verhaken, bis drei zählen und dann »Adam« oder »Eva« rufen. Daraufhin soll der Wunsch wahr werden – aber nur, wenn beide den gleichen Namen rufen!

Ein ganz neues Ritual besagt, dass beide Personen, die gleichzeitig dasselbe gesagt haben, so schnell wie möglich »verhext« rufen müssen. Wer es als Letztes ruft, hat verloren.

EINE STEHENGEBLIEBENE UHR

Eine Uhr bleibt häufiger mal stehen. Falls einfach die Batterie leer ist oder, im Falle einer prächtigen Standuhr, diese wieder neu aufgezogen werden muss, ist die Sache schnell behoben. Sollte die Ursache allerdings unklar sein, ist das etwas völlig anderes.

Zeit und Leben – oder das Ende desselben – werden seit Langem in engem Zusammenhang miteinander betrachtet. Im 19. Jahrhundert wurden Uhren bewusst angehalten, um den Zeitpunkt des Todes eines Menschen festzuhalten, weswegen auch heute noch eine stehengebliebene Uhr ein Symbol für den Tod ist. Eine Uhr, die ohne ersichtlichen Grund stehenbleibt, soll großes Unglück nach sich ziehen, und oft wurde behauptet, dass die in diesem Moment ablesbare Uhrzeit den Todeszeitpunkt eines Menschen verkünde. Es existieren verschiedene anekdotische Erzählungen, die diesen Glauben untermauern, da sie von Uhren berichten, die auf diese Weise angeblich den Todeszeitpunkt eines Stars oder Adligen verkündet haben. Oder von Uhren, die nur wenige Momente vor dem Tod einer Person stehengeblieben sind.

Eine Uhr, die zur falschen Zeit anschlägt oder mit ihren Schlägen eine Uhrzeit verkündet, die es gar nicht gibt, also zum Beispiel dreizehnmal schlägt, soll auch ein Zeichen für einen bevorstehenden Todesfall sein. In Wales glaubte man, dass zwei im exakt gleichen Moment schlagende Uhren großes Unglück ankündigen, genauer: dass demnächst ein verheiratetes Paar aus dem Ort sterben wird. Der amerikanische Geistliche Samuel Watson erzählt in seinem Buch aus dem Jahr 1873 von einer Uhr, die stehenblieb, kurz bevor seine Frau und zwei seiner Kinder ums Leben kamen.

Laut eines weit verbreiteten Volksglaubens sollte man auch genau darauf achten, wo man seine Uhr im Zimmer aufstellt. Steht sie gegenüber dem Kamin, wird das Feuer darin angeblich erlöschen.

In China glaubte man lange, dass es Unglück bringt, wenn man eine Uhr geschenkt bekommt, da dies angeblich einen Todesfall oder eine Beerdigung kundtäte. Der Grund dafür liegt im Gleichklang der Wörter »Uhr« und »Ende« im Chinesischen. Heutzutage existiert dieses Tabu jedoch nicht mehr, da es nicht für das Wort »Armbanduhr« gilt.

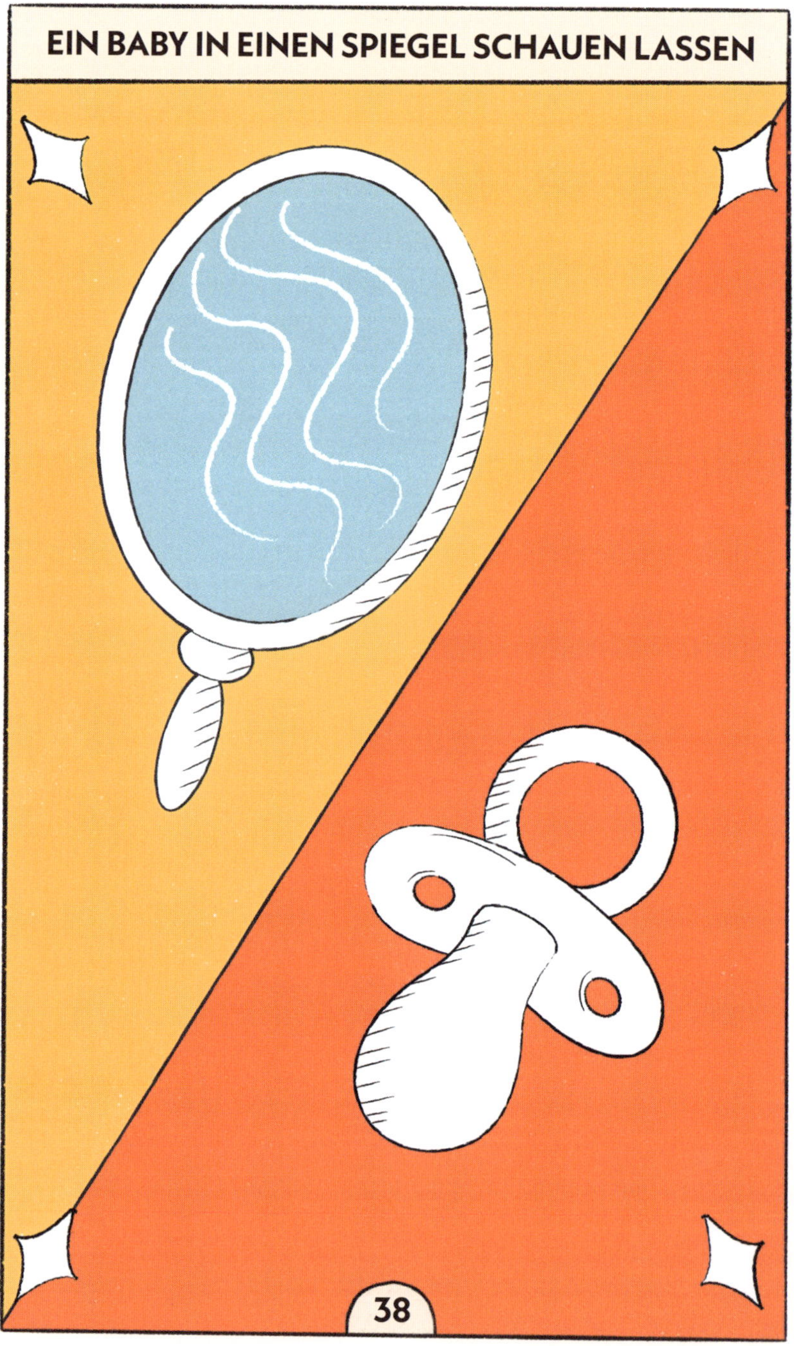
EIN BABY IN EINEN SPIEGEL SCHAUEN LASSEN
38

Viele moderne Spielsachen oder Bücher für Kinder verfügen über einen Spiegel, wodurch das Kind nicht nur bespaßt werden soll, sondern sich auch mit seinen eigenen Körpermerkmalen vertraut machen kann. Laut einem Aberglauben könnte dies jedoch ein Risiko darstellen, wenn das Kind noch kein Jahr alt ist, und viele furchterregende Konsequenzen nach sich ziehen.

In Indien glaubt man, dass Kinder, die vor ihrem ersten Lebensjahr in den Spiegel schauen, Gefahr laufen, an ihr früheres Leben erinnert zu werden. Auch heißt es, dass sie dadurch angeblich schiefe Zähne bekommen. Auch in manchen Gegenden Afrikas glaubte man lange Zeit, dass ein Kind sich dadurch an sein früheres Leben erinnern würde oder man riskieren würde, dass man ihm die Seele stiehlt. Letzteres gilt auch für einige Regionen Asiens, wie zum Beispiel Singapur, wenn das Kind unter einem Jahr alt ist. Dies ist auf einen weiteren Aberglauben zurückzuführen, der besagt, dass ein Spiegel die eigene Seele gefangen halten kann. In Griechenland heißt es, dass die Seele eines Babys dann geraubt wird, wenn es noch vor seiner Taufe sein eigenes Spiegelbild erblickt.

In England kann man den Volksglauben, dass es keine gute Idee ist, ein Baby in einen Spiegel blicken zu lassen, mindestens bis ins 19. Jahrhundert zurückverfolgen. In Northamptonshire war man der Ansicht, dies würde dem Baby großen Schaden zufügen. In Suffolk hieß es, dass ein Baby, das sich selbst in einem Spiegel sieht, anfangen würde zu schielen. Und laut einem Volksglauben aus dem Somerset des frühen 20. Jahrhunderts wäre sein Leben von da an von Kummer und Sorge geplagt. Andere prophezeiten ein Schicksal mit Stottern, einer Rachitis, als Dieb, eitler Mensch oder sogar den Tod in den folgenden zwölf Monaten.

Die Meinungen gehen auseinander, was die Dauer der Gefahr angeht: Manche glauben, Kinder dürfen in einen Spiegel sehen, sobald sie vier oder auch sechs Monate alt sind, die meisten jedoch sind der Meinung, dass sie mindestens ein Jahr alt sein müssen.

BANANEN AUF EINEM SCHIFF
39

Die wohl beliebteste Frucht, die Banane, ist für viele eher ein Symbol für Spaß – zum Beispiel, wenn jemand in einem Cartoon auf einer Bananenschale ausrutscht – denn ein unheilvolles Zeichen. Doch in einem Bereich sind Bananen absolut kein Anlass zur Erheiterung: Laut einem auf der ganzen Welt – von Australien über die Türkei bis hin zu den USA – verbreiteten Aberglauben soll es Unglück bringen, Bananen mit auf ein Schiff zu nehmen.

Es ist ungeklärt, woher genau dieser spezielle Volksglaube kommt, aber eine Sache ist ganz sicher: Er hat noch heute einen großen Einfluss in der Fischerei- und Schifffahrtsszene. Ein möglicher Ursprung könnte aus der Zeit stammen, in der eine Seefahrt noch ein sehr gefährliches Unterfangen war. Wenn ein Schiff unterging, waren Bananen unter den wenigen Dingen, die an der Wasseroberfläche trieben, weshalb man sie bald mit Schiffwracks verknüpfte. Eine weitere Theorie besagt, dass man sie aufgrund der Spinnen, Insekten und anderen Tiere, die auf den Früchten als blinde Passagiere mit an Bord kamen, mit Unheil assoziierte. Andere vermuten, dass durch die verderbliche Ware an Bord keine Zeit zum Fischen blieb und die Frucht aus diesem Grund mit einem schlechten Fang – und damit gleichbedeutend Unglück – in Verbindung gebracht wurde.

Dieser Volksglaube hält sich bis heute stark unter Sportangelnden. Bananen an Bord werden stets für einen schlechten Fang verantwortlich gemacht, aber auch für andere, ominösere Vorkommnisse wie den Ausfall des Motors oder weitere mechanische Pannen.

Dieser Aberglaube ist derart verwurzelt, dass viele aus der Fischereiszene alles von ihren Schiffen verbannen, das auch nur annähernd etwas mit Bananen zu tun hat. Also nicht bloß Nahrungsmittel, in denen die Frucht enthalten ist, sondern auch jegliches, worauf eine Banane auch nur abgebildet ist, wie zum Beispiel ein Logo, und alles, dessen Form als bananenförmig interpretiert werden könnte.

Aus der Stadt Portsoy, Schottland, wurden im Jahr 2015 Bananen als Zugeständnis an diesen Aberglauben im Zuge des jährlichen Bootsfestes komplett entfernt. Selbst Eiscreme mit Bananengeschmack wurde aus der örtlichen Eisdiele bis zum Ende der Feierlichkeiten verbannt!

MIT DEM KOPF NACH NORDEN SCHLAFEN
40

Haben Sie sich jemals gefragt, ob die Himmelsrichtung, in die Ihr Bett ausgerichtet ist, etwas damit zu tun hat, wie erholsam Ihr Schlaf ist, oder ob sie Ihr Leben auf irgendeine andere Weise beeinflusst? Laut einem Aberglauben, der überall auf der Welt zu finden ist, sollte man genau darauf achten, wie man seinen Kopf im Schlaf ausrichtet.

Der weit verbreitetste Aberglaube in Bezug auf die Schlafposition besagt, dass der Kopf im Schlaf am besten nach Norden zeigen sollte. Im Irland des 19. Jahrhunderts riet man dies einer Person, der es nicht gutging, zur Abhilfe – und unter gar keinen Umständen jedoch sollte der Kopf nach Osten zeigen. Man glaubte in England gemeinhin, dass der Schlaf erholsamer sei, wenn der Kopf nach Norden zeigt. Daran halten heute noch einige fest. Im Schlaf von Ost nach West ausgerichtet zu liegen, ist dagegen die schlechtere Wahl.

Einem Volksglauben aus dem 17. Jahrhundert zufolge werden diejenigen, die in einem nach Norden ausgerichteten Bett schlafen, männliche Nachkommen haben. Es soll außerdem zu großem Wohlstand führen.

Der Ursprung dieses Aberglaubens ist tatsächlich wissenschaftlicher Natur, auch wenn es keinen entsprechenden Beweis gibt, der dies untermauert. Als man vom arktischen Magnetpol erfuhr, vermutete man, dass die elektromagnetischen Wellen zwischen den Polen Menschen beim Einschlafen helfen. Oder sie eben auch aufgrund der magnetischen Anziehung davon abhalten würden, wenn die Person von Ost nach West ausgerichtet schläft. Auch wenn dies längst widerlegt wurde, hat der Glaube daran weiterhin Bestand.

In Japan jedoch wird jedem davon abgeraten, mit dem Kopf nach Norden ausgerichtet zu schlafen, da dies die Position ist, in die Verstorbene gebettet werden. Laut der chinesischen Lehre des Feng Shui ist es allgemein eine schlechte Idee, von Norden nach Süden ausgerichtet zu schlafen. In Indien hält man es für das Beste, nach Osten oder Süden ausgerichtet zu schlafen, und in Madagaskar schlafen angeblich nur Hexen mit dem Kopf nach Norden!

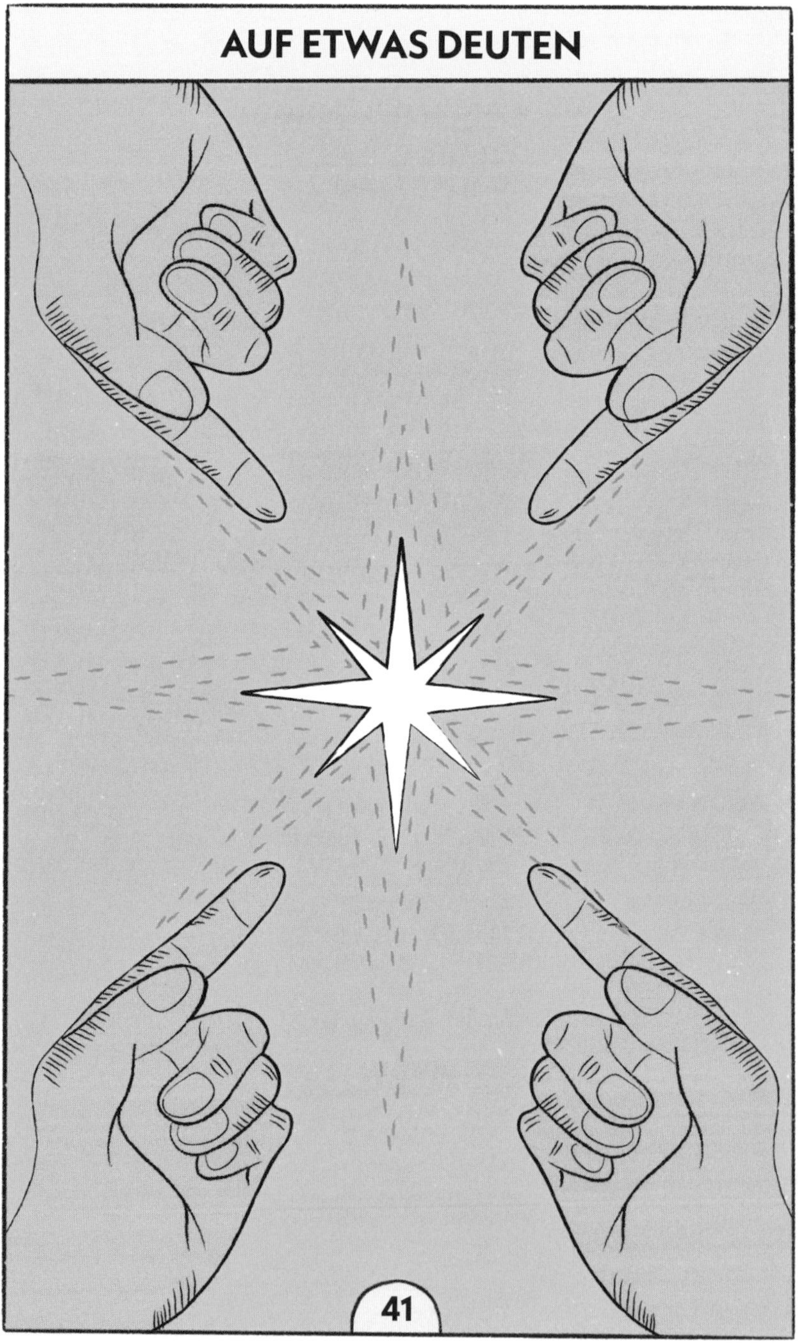
AUF ETWAS DEUTEN
41

Auf etwas zu deuten, ist eine sehr hilfreiche Geste, um auf eine Person oder eine Richtung zu verweisen, oder auch, um einen Standpunkt zu untermauen. Es gilt als Meilenstein bei der Entwicklung eines Babys, auch wenn die Geste im späteren Leben oft eher als unhöflich empfunden wird. Doch was, wenn mehr dahintersteckt als reines Benehmen, ob gut oder schlecht? In vielen Kulturen und Ländern glaubt man, dass es Pech bringt, auf einen bestimmten Gegenstand zu zeigen.

In China ist der Glaube verbreitet, dass es eine besonders schlechte Idee ist, mit dem Finger auf den Mond zu zeigen. Dies führe dazu, dass einem die Ohren von einem rachsüchtigen Geist abgeschnitten werden. Vielleicht ist es aber auch bloß eine Erziehungsmethode, um Kinder vom Zeigen abzuhalten, da dies dort als respektlos betrachtet wird. Auch in Singapur und Malaysia bedeutet es Unglück, auf den Mond zu zeigen – dort werden einem als Folge die Rückseiten beider Ohren abgeschnitten.

Allgemein wird es ungern gesehen, wenn jemand auf Himmelskörper deutet, weil es Gottheiten verärgern könnte. Auf den Mond, die Sonne oder die Sterne zu zeigen, ist aus diesem Grund in vielen Kulturen ein absolutes Tabu und gilt als respektlos. In Thailand sollte man es zudem vermeiden, auf einen Regenbogen zu deuten, da einem als Folge angeblich der Finger abfällt.

Auch in Deutschland wird es als unhöflich und Unheil bringend betrachtet, auf etwas zu deuten. In England gilt dies zumindest für Fäkalien. Der Zeigefinger galt daher in England lange Zeit, bis mindestens ins 20. Jahrhundert hinein, allgemein als schlecht und vulgär und manchmal sogar als giftig. Aus diesem Grund sollte dieser Finger auch nicht für die Zubereitung von Salben oder Tinkturen eingesetzt werden, um Vergiftungen oder Infektionen zu vermeiden.

In den USA führt das Zeigen auf eine Sternschnuppe angeblich zu einem Todesfall in der Familie. Auf ein Grab zu zeigen, ist wiederum in der Türkei nicht gern gesehen, da man dort glaubt, dies mindere die Lebenskraft der deutenden Person und sie verliere daraufhin an Kraft und Körperumfang.

ZU FRÜH ZUM GEBURTSTAG GRATULIEREN

Geburtstag zu feiern, vor allem einen runden, kann jede Menge Spaß machen – Geschenke, Freund:innen, Kuchen, gutes Essen und angenehme Gesellschaft –, was kann man sich Besseres wünschen? Es kann ganz schön verlockend sein, diesen Spaß auf mehrere Tage auszuweiten, aber laut einem bestimmten Aberglauben ist das keine besonders gute Idee, wenn man im darauffolgenden Jahr noch auf sein Glück vertrauen will.

In vielen Gegenden der Welt ist es ein absolutes Tabu, jemandem zu früh zu gratulieren oder einen Geburtstag vor dem eigentlichen Datum zu feiern. Selbst wenige Stunden zu früh ist alles andere als gern gesehen. Das liegt daran, dass es Pech bringen soll, und wer will das schon an seinem Geburtstag?

Als dem argentinischen Papst Franziskus im Jahr 2018 bereits einige Tage vor dem eigentlichen Datum zum 80. Geburtstag gratuliert wurde, erklärte er, dass genau das in seinem Land Unglück bringe. Wer einer anderen Person zu früh zum Geburtstag gratuliert, verflucht deren Leben. Kein besonders nettes Geschenk!

Auch in Russland zeugt es von einer schlechten Kinderstube, jemandem zu früh zu gratulieren oder vorzeitig zu feiern. Und Pech soll es obendrein noch bringen. In Spanien ist man derselben Auffassung. Stattdessen wünscht man sich in den Tagen vor einem Geburtstag einfach einen *¡Feliz día!*, also einen schönen Tag.

In Indien existiert ein ganz ähnlicher Volksglaube: Zu früh einen Geburtstag zu feiern, wird als arrogant betrachtet, da die besagte Person wohl fest davon ausgeht, dass sie es auch tatsächlich bis zu diesem Tag schaffen wird. Und das kann einfach niemand garantieren! Aus demselben Grund bringt es Unglück, vor dem eigentlichen Datum zu feiern, Geschenke zu überreichen oder auch nur »Alles Gute zum Geburtstag« zu wünschen. Denn womöglich ist das Vertrauen in die Lebensdauer dieser Person ja unbegründet.

Also: Auch wenn der Drang groß ist, früher zu feiern, sollte man wohl besser einfach noch die paar Tage warten!

IM MONDLICHT SCHLAFEN

Der Schönheit und Faszination des Mondes in all seiner Pracht kann man sich nur schwer entziehen. Seit Jahrhunderten fasziniert er uns Menschen. Mit dieser Magie und Ehrfurcht geht auch eine ordentliche Portion Angst und Umsicht einher. Die Menschen waren sich schon immer sicher, dass der Mond einen nicht zu unterschätzenden Einfluss auf unser flüchtiges Leben nimmt. Es gibt sogar einen Aberglauben, der sich darauf bezieht: der Volksglaube, dass man es tunlichst vermeiden sollte, im Mondlicht zu schlafen.

Die Vorstellung, dass Mondlicht das menschliche Gehirn negativ beeinflusse, besonders dann, wenn die Person versehentlich darin einschläft, existiert seit ewigen Zeiten. Man glaubte nämlich lange, dass die Person dadurch verrückt werden, erblinden oder sogar Gefahr laufen könnte, sich in einen Werwolf zu verwandeln!

Laut einem alten irischen Aberglauben wird eine Person, deren Gesicht im Schlaf vom Mond beschienen wird, »mondsüchtig« und in einen Zustand geistiger Umnachtung versetzt, Erblindung inklusive. Dieser Volksglaube ist noch mindestens bis ins 20. Jahrhundert nachzuweisen. Bis zu dieser Zeit erklärte man in Irland und England den Kindern, dass sie nicht mit Mondlicht im Gesicht schlafen dürften. Auch Seeleute wurden im 19. Jahrhundert davor gewarnt, bei Vollmond an Deck zu schlafen.

Allgemein wurde Mondlicht lange als Unheil bringend betrachtet, und manche glauben noch immer, dass es Unglück bringt, im Mondlicht geboren zu werden. In der Türkei jedoch soll es sogar eine strahlende Zukunft verheißen, wenn man in der Zeit des Vollmonds geboren wird. Etwas vollkommen anderes, nämlich Unglück bringendes, ist es allerdings, vom Mondlicht beschienenes Wasser zu trinken. Englische Mütter gingen sogar so weit, die Windeln ihrer Babys bei Vollmond nicht zum Trocknen nach draußen zu hängen, da sie glaubten, auch dies ziehe großes Unglück nach sich.

In Österreich sollte man den Neumond nicht zu lange betrachten, da man dadurch möglicherweise niesen muss – was wiederum Unglück bringen soll.

Wenn Sie also das nächste Mal mit Mondlicht im Gesicht aufwachen, ziehen Sie besser die Vorhänge zu – nur für alle Fälle!

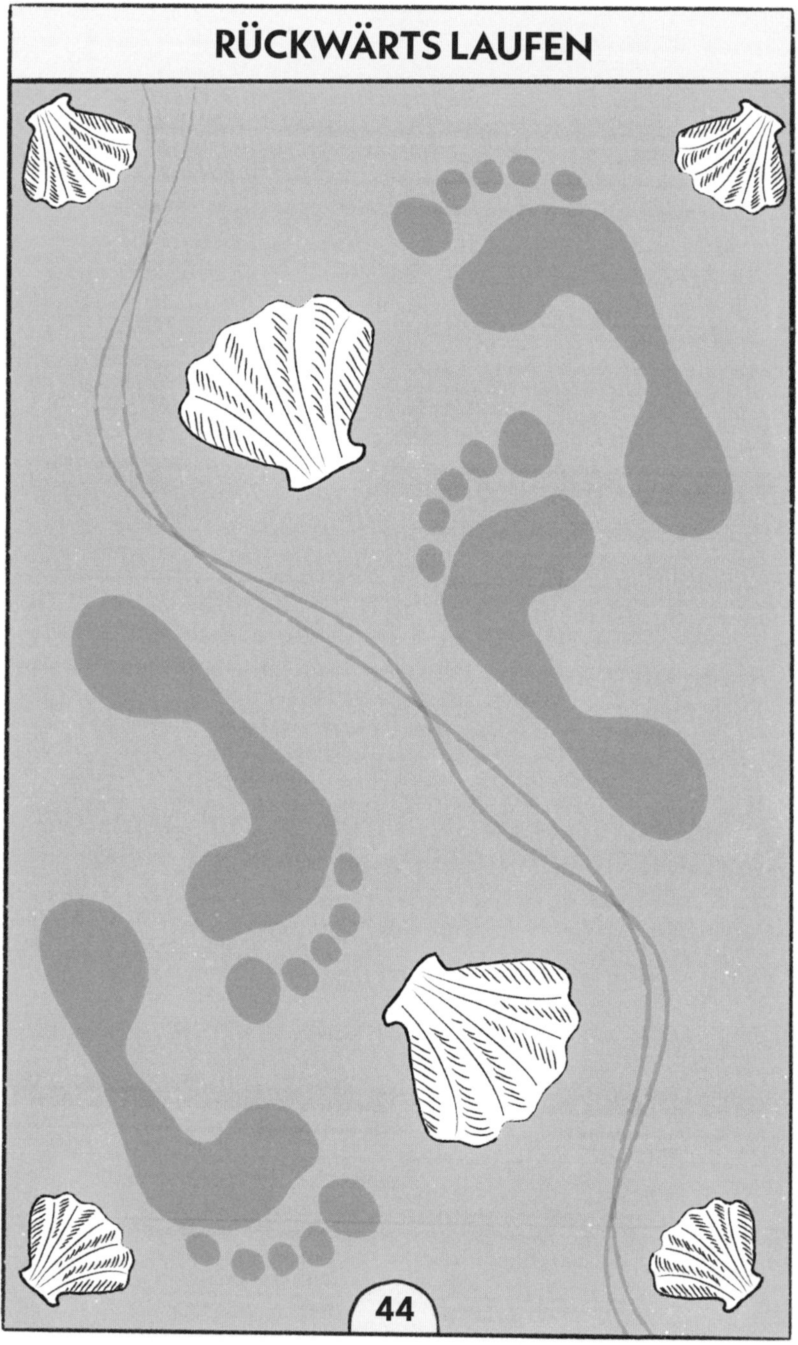
RÜCKWÄRTS LAUFEN
44

Beim Gehen ist es absolut sinnvoll, in die Richtung zu schauen, in die man sich bewegt. Wer riskiert es schließlich gern, in etwas oder jemanden hineinzulaufen? Doch von den praktischen Aspekten abgesehen, soll es einem weltweit verbreiteten Aberglauben nach zusätzlich Unglück bringen, rückwärts zu laufen.

Im England des 19. Jahrhunderts wurden Kinder häufig davor gewarnt, rückwärts zu laufen, wenn sie sich auf den Weg machten. Befolgten sie diesen Ratschlag nicht, riskierten sie es, entweder allgemein großes Unglück auf sich zu ziehen, ihren Botengang nicht erfolgreich ausführen zu können oder sogar den Tod ihrer Mutter.

In Portugal wird das Rückwärtslaufen mit dem Teufel in Verbindung gebracht. Laut dem dort herrschenden Aberglauben bewegt dieser sich nämlich auf diese Weise fort. Und wer will sich schon bewegen wie der Teufel selbst? Auch in Italien ist er der Grund, warum davor gewarnt wird, rückwärts zu laufen: Angeblich ermöglicht man es ihm dadurch, einem zu folgen und Schaden im eigenen Leben anzurichten, da er so vorhersehen kann, wohin man geht. Manche glauben auch, dass man um Mitternacht einer Hexe begegnen wird, nachdem man rückwärts gelaufen ist.

Haben Sie schon einmal davon geträumt, rückwärts zu laufen? Einige gehen davon aus, dass dies entweder bedeutet, dass Sie auf Ihrem Weg auf Hindernisse stoßen oder dass Sie im Leben vom richtigen Weg abgekommen sind. Vielleicht ist es an der Zeit, einige Änderungen vorzunehmen!

Doch zu jeder Regel gibt es eine Ausnahme, und so soll es manchmal sogar Glück bringen, rückwärts zu gehen: Droht Unglück, weil man unter einer Leiter hindurchgegangen ist, sollte man auf selbem Weg rückwärts zu seinem Ausgangspunkt zurückkehren. So lässt sich das Unglück noch abwenden. Manchmal schützt es auch vor bösen Geistern: Wenn man rückwärts ein Haus betritt, können einem angeblich die bösen Geister nicht dorthin folgen. Haben Sie schon einmal versehentlich eine Hacke mit ins Haus genommen und damit Unglück auf sich gezogen? Kein Problem, bringen Sie diese einfach rückwärts gehend durch dieselbe Tür wieder nach draußen. So ist auch dieses Unglück leicht abgewendet.

DAS LETZTE STÜCK ESSEN
45

Es gibt eine ganze Fülle an Benimmregeln, die sich um das Thema Essen drehen – Brauchtümer und Traditionen variieren stark von Epoche zu Epoche und von Gegend zu Gegend. Bei Anlässen wie einer Feier, Hochzeit oder einem Familientreffen ist es oft üblich, sich das Essen zu teilen. Doch was, wenn nur noch ein Stück übrig ist? Sollte man sich das nehmen oder besser nicht?

Die verschiedenen Volksglauben beantworten diese Frage ganz unterschiedlich, doch sie sind sich alle darin einig, dass das letzte Stück etwas ganz Besonderes ist. Es ist tatsächlich sogar so wichtig, dass es in einigen Ländern ein eigenes Wort dafür gibt. In Deutschland ist das letzte Stück Kuchen oder der letzte Rest einer anderen Speise, auf die jeder scharf ist, als das »Anstandsstück« bekannt. Es bringt angeblich Glück, es übrig zu lassen. In Bulgarien darf man es sich nur nehmen, wenn man es zuvor auch angeboten bekommen hat. Wenn man es sich ohne Aufforderung einfach nimmt, isst man das sogenannte »Stück der Schande«. In Spanien nennt man es »la de la vergüenza« – »das Schandvolle«. Es ist der Gipfel der Geschmacklosigkeit, sich das letzte Stück zu nehmen, und oft bleibt es so lange auf dem Teller liegen, bis die Feier oder das Essen vorbei ist.

In manchen asiatischen Ländern führt das Essen des letzten Stücks angeblich dazu, dass man sein Leben als alte Jungfer fristet. Das gilt auch in einigen Gegenden der USA, wenn man das letzte Stück isst oder den letzten Schluck trinkt. In Irland hingegen glaubt man, dass man ein abgeschiedenes Leben führen wird, was ja nicht unbedingt schlecht sein muss. In Thailand hingegen kann man sich auf einen attraktiven Lebenspartner freuen, wenn man das letzte Stück isst.

Indessen soll es in anderen Ländern großes Unglück bringen, Essen übrig zu lassen, was häufig Kinder dazu animieren soll aufzuessen. In Deutschland heißt es, dass es ansonsten schlechtes Wetter gibt. Auf den Philippinen steht jedes Reiskorn, das man auf dem Teller hinterlässt, für die Anzahl der Tage, die man im Fegefeuer verbringen muss!

AN DER TISCHECKE SITZEN
46

Haben Sie schon jemals darauf geachtet, wo genau Sie sitzen, wenn Sie sich zum Abendessen an den Tisch setzen? Laut diesem Aberglauben sollten Sie es beim nächsten Mal tun, da einen, wenn man sich an die Ecke eines Tisches setzt, angeblich ein Schicksal ereilt, das jeder gerne vermeiden möchte.

Ein in Russland weit verbreiteter Aberglaube besagt, dass einem großes Unglück widerfährt, wenn man an einer Tischecke sitzt. Dort glaubt man, dass diese Person in den folgenden Jahren nicht heiraten wird oder sogar niemals. Aus diesem Grund wird vor allem unverheirateten Frauen nicht geraten, an der Ecke eines Tisches zu sitzen. Stattdessen wird man ihnen ganz sicher einen anderen Platz zuweisen. Verheiratete Frauen und Kinder, für die es kein Problem sein sollte, noch sieben Jahre zu warten, können hingegen sitzen, wo sie möchten!

Dieser Aberglaube herrscht auch in Ungarn vor, wo man das Sitzen an einer Tischecke ebenfalls mit dem Unglück verbindet, keinen Partner zu finden. Auch in Litauen kann ein Single davon ausgehen, noch weitere sieben Jahre in seinem Zustand verharren zu müssen, wenn er oder sie sich an die Ecke eines Tisches setzt, wohingegen man in Polen glaubt, dass die Person für immer Single bleiben wird. Auch in der Ukraine glaubt man, dass die an der Tischecke sitzende Person niemals heiraten wird. Es bleibt jedem Betroffenen selbst überlassen, ob er oder sie dies nun als Glück oder Unglück betrachten möchte!

Doch woher kommt dieser Aberglaube? Ein möglicher Ursprung könnte sein, dass die Tischecke ursprünglich der Platz war, an den man während einer Zusammenkunft eine alte Jungfer gesetzt hat, und da es häufig von anderen als Unglück betrachtet wurde, unverheiratet zu sein, wurde auch dieser Platz mit der Zeit allgemein mit Unglück in Verbindung gebracht.

LEERE FLASCHEN AUF DEM BODEN

Viele von uns trinken gerne mal etwas, wenn sie zu einem besonderen Anlass mit Freund:innen oder der Familie unterwegs sind. Wenn die Flasche dann leer ist, sollte man allerdings darauf achten, sie nicht auf dem Tisch zurückzulassen, sondern auf den Boden zu stellen, da man sonst vom Pech verfolgt wird.

Dieser Aberglaube scheint vor allem in Russland vorzuherrschen, wo man glaubt, dass es Unglück bringt, eine leere Flasche an einer Bar oder auf dem Tisch eines Restaurants stehen zu lassen. Manche gehen sogar so weit zu sagen, dass man selbst zu Hause die leeren Flaschen vom Tisch nehmen und sie stattdessen auf den Boden stellen sollte, nur für alle Fälle. Dieser Aberglaube ist so tief verwurzelt, dass Servicekräfte einem angeblich zuvorkommen, wenn man die Flasche nicht schnell genug auf den Boden stellt. Lässt man sie stehen, steht einem entweder eine leidvolle oder weniger blühende Zukunft bevor.

Dieser sonderbare Aberglaube stammt aus der ersten Hälfte des 19. Jahrhunderts, in der kasachische Soldaten nach Frankreich kamen. Sie brachten Pariser Restaurantbesitzer dazu, ihre Kundschaft auf neuartige Weise zur Kasse zu bitten: Statt pro bestellter Flasche abzurechnen, mussten die Soldaten angeblich pro auf dem Tisch zurückgelassener Flasche bezahlen. Die cleveren Soldaten fanden schnell heraus, dass ihre Rechnung deutlich geringer ausfiel, wenn sie ihre Flaschen unter dem Tisch versteckten. Als sie später nach Russland zurückkehrten, so besagt die Legende weiter, etablierten sie diese Angewohnheit auch dort. Und der Aberglaube hat bis heute Bestand.

Ein anderer möglicher Ursprung könnte sein, dass sich in leeren Behältnissen böse Geister einnisten könnten. Wenn man also seine leere Flasche auf dem Tisch stehen lässt, könnte dies einer von ihnen als Einladung deuten, sich dort niederzulassen, was wohl unwahrscheinlicher ist, wenn man die Flasche unter den Tisch stellt.

PRÜFUNGSERFOLG
48

Prüfungen sind für viele Menschen weltweit eine nervenaufreibende Sache. In den Tagen davor wird alles noch einmal wiederholt, man plagt sich mit negativen Gedanken und betet, dass alles gut ausgehen wird. Aus diesem Grund drehen sich auch zahlreiche Aberglauben um die sogenannte Prüfungsphase. Sie sollen Hoffnung geben, dass man erfolgreich sein wird, wenn man sich nur an bestimmte Regeln hält.

Ein solcher Aberglaube aus Südkorea besagt, dass man sich am Tag vor der Prüfung die Haare nicht mehr waschen sollte, aus Angst, man könnte sich in diesem entscheidenden Moment das hart erarbeitete Wissen aus seinem Kopf waschen. Daran glaubt man auch auf den Philippinen und in Russland, wo man sich zudem besser nicht rasieren sollte. In Indien ist aus ähnlichen Gründen das Baden vor einer Prüfung ein absolutes No-Go.

Was man bei einer Prüfung trägt, beeinflusst angeblich auch deren Ergebnis. Auf den Philippinen und in China wird geraten, etwas Rotes – meist rote Unterwäsche – zu tragen. Allerdings ist Rot dort auch die Farbe, in der man Noten aufschreibt, mit denen man durchfällt, weswegen man sich das also besser noch einmal überlegen sollte.

Vor einer Prüfung bestimmte Lebensmittel zu essen oder zu meiden, ist auch ein weit verbreiteter Aberglaube. In Vietnam heißt es, dass man vor einer Prüfung keine Eier essen sollte, weil diese wie die Zahl Null aussehen, also wie die Punktzahl, die man tunlichst vermeiden sollte. In Singapur, Hongkong und Malaysia geht man davon aus, dass Bratensud von Hühnern die Gehirnleistung steigert, der dort häufig während einer Prüfungsphase getrunken wird. Das chinesische Wort für Kiwi klingt so ähnlich wie »Prüfungen leicht bestehen«, weshalb diese Frucht selbstverständlich häufig vor einer solchen gegessen wird, wenn man bestehen will. In Japan isst man anlässlich einer Prüfung das Reisgericht Katsudon, da es ähnlich wie »katsu« klingt, was so viel wie »gewinnen« bedeutet und aus diesem Grund Glück bringen soll.

In Polen gilt es als sichere Methode für gute Noten, ein Schulkind zu treten, das einen Prüfungsraum betritt. Zuletzt sollte man seinen Stuhl umtreten, wenn die Prüfung vorbei ist – um sicherzustellen, dass man nicht noch einmal in derselben Prüfung sitzen muss!

AM ESSTISCH SINGEN
49

Singen ist ein beliebter Zeitvertreib, und so manch eine:r kann einfach nicht an sich halten, wenn ihn oder sie der Drang überkommt, ein Lied zu trällern. Doch womöglich ist es besser, sich zusammenzureißen, wenn man gerade am Esstisch sitzt, um kein Unheil anzulocken.

Im Somerset des frühen 20. Jahrhunderts glaubte man, dass es zu irgendeiner Art von Enttäuschung führt, wenn man beim Essen singt. In Schottland warnte man sogar zur Mitte desselben Jahrhunderts davor, dass das Singen am Esstisch zu einem Tod im Armenhaus führe.

Es ist sehr wahrscheinlich, dass dieses Singtabu beim Essen in Zusammenhang mit einer bestimmten Vorstellung von Anstand und Manieren steht. Manche sagen, es bedeute, dass der zukünftige Partner des Singenden verrückt sein wird. Auch in den Niederlanden glaubt man an schwerwiegende Folgen vom Singen beim Essen. Dort heißt es, dass man dabei für den Teufel selbst singen und das eigene Unglück heraufbeschwören würde.

Doch nicht nur am Esstisch sollte man vorsichtig sein – beim Kochen zu singen, birgt ebenso jede Menge Gefahren: Man könnte dadurch als Witwe oder Witwer enden oder gar nicht erst heiraten. Ein malaysischer Aberglaube behauptet, dass man als Folge dessen eine extrem langweilige Person heiraten wird.

Noch vor dem Frühstück zu singen, ist in England generell nicht gern gesehen, und laut schottischem Aberglauben wird jemand, der so früh bereits so glücklich ist, später am Tag furchtbare Laune haben. Manche glauben, dass man es unterlassen sollte, vor der ersten richtigen Mahlzeit des Tages zu singen. In Cornwall hieß es daher lange: »If you sing afore bite, you will cry before night.«/»Wer vor dem ersten Bissen singt, wird noch vor Tagesende weinen.« In Russland glaubt man sogar, dass man dadurch für das gesamte restliche Jahr Unglück auf sich zieht.

EINE FLIEGE IM GETRÄNK
50

Am Ende eines langen, anstrengenden Tages legt man gerne mal die Füße hoch, um eine wohlverdiente Tasse Tee zu trinken. Vielleicht sind Sie auch mit Freund:innen aus und wollen ein Glas Wein oder Bier genießen. Stellen Sie sich vor, wie Sie auf ihr Getränk hinabsehen und eine darin schwimmende Fliege entdecken! Keiner würde es Ihnen verübeln, wenn Sie sich in diesem Moment als Pechvogel betrachten, doch laut einem Aberglauben ist das nicht immer der Fall.

Gemäß den Fischern aus dem schottischen Greenock des 19. Jahrhunderts gilt eine Fliege in dem Getränk, das man gerade trinken wollte oder aus dem man tatsächlich gerade getrunken hat, als sicheres Zeichen dafür, dass das Glück einem hold ist. Man sollte sich also darüber freuen! Auch im Somerset des 20. Jahrhunderts war eine Fliege in einer Tasse Tee ein Zeichen für bevorstehendes Glück, wenn es auch gleichzeitig etwas ärgerlich war.

Manche sagen, dass es das Beste ist, eine Fliege ganz unterzutauchen, wenn diese in einem Glas oder einer Tasse landet. Das geht auf den Volksglauben zurück, dass ein Flügel ein Gift enthält und der andere das Gegengift. Und da man nicht sicher sagen kann, welcher Flügel welcher ist, muss eben die ganze Fliege eingetaucht werden, um auf Nummer sicher zu gehen.

Wenn eine Fliege dreimal am eigenen Gesicht vorbei fliegt, bevor sie darauf landet, sollte man auf der Hut sein, da dies bedeuten könnte, dass man demnächst erkrankt oder womöglich sogar stirbt. Wenn das gleiche auf der eigenen Hand geschieht, ist das wiederum ein gutes Zeichen, und man kann in nächster Zeit mit einem Geldsegen rechnen.

In England glaubte man mindestens bis ins 20. Jahrhundert hinein, dass die letzte Fliege des Jahres ein Glückbringer sei, den man keinesfalls töten darf. Also sollte man in den letzten Tagen oder Wochen vor Silvester am besten jede Fliege am Leben lassen, um kein Unglück zu provozieren.

Zwar bringt eine Fliege in einem Getränk Glück, sollte sie allerdings in einem Tintenfass landen, ist dies ein Zeichen für eine bevorstehende Pechsträhne.

DONNER – GLÜCK ODER UNGLÜCK?

Donner wurde lange die Macht zugesprochen, die Zukunft vorauszusagen. Plinius der Ältere hielt bereits 77 n. Chr. den Glauben schriftlich fest, dass Donnerschläge zum Deuten eines in der Zukunft liegenden Ereignisses oder sogar zum Enthüllen von Geheimnissen genutzt werden können. Die Vorstellung, dass Donner, der links von einer Person auftritt, Glück bringt, stammt ebenfalls aus dieser Zeit.

Laut eines bekannten englischen Reims aus dem 16. Jahrhundert beeinflusst der Wochentag, an dem es donnert, dessen Bedeutung. Donner an einem Sonntag steht für den Tod eines gelehrten Mannes, wohingegen Donner an einem Montag den Tod einer Frau vorhersagt. An einem Dienstag verweist er auf bevorstehenden Regen, auf den Tod einer Prostituierten, wenn er an einem Mittwoch auftritt. An einem Donnerstag sagt er einen Überfluss an Getreide und Schafen voraus, an einem Freitag den Mord an einem großen Mann. Und Donner an einem Samstag bringt Seuche und Tod.

Donner wurde häufig als Unmut bestimmter Gottheiten betrachtet. In der nordischen Mythologie war er ein Zeichen für Thors Verärgerung, und im England des 20. Jahrhunderts glaubte man, dass Gott die Menschen damit an ihre vielen Schwächen erinnern wolle. Man glaubte, dass Donnerstage sich nicht eigneten, um Segel zu setzen, da es Thors Tag sei, der mit Gewitter und Stürmen in Zusammenhang steht.

Dennoch wurde Donner auch als gutes Zeichen gesehen. Sein Auftreten nach der Krönung Karls II. 1661 in Großbritannien wurde von vielen als gutes Omen gedeutet. Donner an einem wolkenlosen Himmel wird generell als gutes Zeichen betrachtet, genauso wie eine ungerade Anzahl an kurz aufeinander folgenden Donnerschlägen. Donner soll auch sehr praktisch sein, da man mit seiner Hilfe angeblich das Wetter der nächsten Monate voraussagen kann. So soll Donner im Februar bedeuten, dass es im Mai schneien wird.

Auch glaubte man, dass ein Baum, in den ein Blitz eingeschlagen hat, Zahnschmerzen heilen könne. Laut Plinius dem Älteren kann man die Schmerzen lindern, indem man ein Stück der Rinde abbeißt und es auf dem betroffenen Zahn platziert. Daran glaubte man bis ins späte 19. Jahrhundert, als man gegen Zahnschmerzen noch immer die Rinde eines vom Blitz getroffenen Baumes kaute.

GELBE BLUMEN VERSCHENKEN

Mit Blumen lässt sich jeder Raum verschönern, und schon seit langer Zeit ist es üblich, sie jemandem zu schenken, den man sehr mag. Gelbe Blumen sind besonders hübsch, und dank ihrer fröhlichen Farbe und ihrer Eigenschaft, Wärme und Freude zu verbreiten, stehen sie ganz oben auf der Liste der Lieblingsblumen. Ganz so unkompliziert, wie man meinen könnte, ist es allerdings nicht, gelbe Blumen zu verschenken. Manche behaupten sogar, sie seien als Geschenk besonders schlecht geeignet.

Vor allem in Russland ist es ein absolutes No-Go, einem geliebten Menschen gelbe Blumen zu schenken. Gelb ist dort die Farbe der Untreue, und einer Person einen Strauß solcher Blumen zu schenken, verdamme diese zu einem Seitensprung in naher Zukunft.

Gelbe Blumen führen angeblich auch zu Streitereien und einem unvermeidbaren Ende einer Beziehung, was ganz sicher nicht Ihre Absicht ist, wenn Sie jemandem Blumen schenken! Es gibt sogar ein Lied mit dem Titel »Yellow Tulips«, das oft anlässlich einer Trennung gespielt wird.

Auch in der Ukraine sind gelbe Blumen als Geschenk nicht gern gesehen. Historisch bedingt werden gelbe Blumen dort als Zurückweisung betrachtet. Im 19. Jahrhundert wurden sie dazu verwendet, um eine Person, die romantisch an einem interessiert war, auf höfliche Weise abzuweisen.

Im alten Ägypten und bei den Maya wurden gelbe Blumen jedoch wohlwollend betrachtet. Die Maya betrachteten sie als Zeichen großen Wohlstands, und auch in Ägypten hielt man sie aufgrund ihrer Farbe, die der von Gold und der Sonne gleicht, für besonders wertvoll.

Heutzutage stehen gelbe Blumen in Großbritannien und den USA für Freundschaft, vor allem gelbe Rosen. In Paris und Lyon stehen sie allerdings für Eifersucht. In Zentral- und Südamerika haben gelbe Blumen einen besonderen Bezug zum Tod. Dort schmückt man mit ihnen die Gräber Verstorbener, und am *Día de los muertos*, dem Tag der Toten, legt man vor allem gelbe Ringelblumen auf die Gräber und Altäre verstorbener Verwandter.

WEIHNACHTSZWEIGE VERBRENNEN
53

Wie auch immer man das eigentliche Fest begeht, nichts steht mehr für die Weihnachts- oder Winterzeit als so manch dekorativer Zweig. Schön anzusehen und aufgeladen mit einer besonderen Bedeutung stehen Stechpalme, Tanne & Co. bereits seit vorchristlicher Zeit für den Winter. Laut einem Aberglauben sollte man dennoch vorsichtig sein, wie man sein dekoratives Grünzeug nach den Feiertagen entsorgt, oder man riskiert eine Katastrophe.

Die Meinungen gehen auseinander, welcher der sicherste Weg hierfür ist. In ganz England sind Menschen fest davon überzeugt, dass das Verbrennen der Zweige die einzig richtige Möglichkeit ist, auch wenn der Zeitpunkt, an dem man dies tun sollte, überall ein anderer zu sein scheint. Manche glauben, man sollte es am Tag vor Lichtmess am 2. Februar tun, andere wiederum, dass man es bereits früher erledigen sollte, genauer am 5. oder 6. Januar.

Ein Volksglaube aus dem Shropshire des späten 19. Jahrhunderts besagt, dass man es um jeden Preis vermeiden sollte, die Zweige nach draußen zu werfen, da man ansonsten noch vor dem nächsten Weihnachtsfest mit einem Todesfall im Haushalt rechnen müsse – auch hier gilt, sie stattdessen zu verbrennen. Mitte des 20. Jahrhunderts jedoch wurden in Shropshire die restlichen Zweige am Tag der Lichtmess an die Kühe verfüttert, da dies Glück bringen soll.

In Wales heißt es, dass man am Morgen nach dem zwölften Weihnachtstag sämtliche Stechpalmen- und Mistelzweige der Weihnachtszeit verbrennen sollte und dass jede andere Art der Beseitigung Unglück bringe.

Andere sind sich jedoch ebenso sicher, dass man die Dekoration keinesfalls verbrennen sollte. Manche Leute behaupten sogar, dies sei eine Sünde. In einigen Gegenden von England und Schottland heißt es zudem, dass es Unglück bringen soll. Ein weiterer Volksglaube besagt, dass in den folgenden zwölf Monaten ein Todesfall eintrete, wenn man Stechpalmenzweige verbrennt.

In Wales war es Tradition, die Zweige zu Lichtmess am 2. Februar abzunehmen, sie jedoch noch aufzubewahren. Später verbrannte man sie im Feuer des Faschingsdienstags, auf dem man Pfannkuchen zubereitete. Dies war auch lange auf der Isle of Man üblich.

EIN VIERBLÄTTRIGES KLEEBLATT FINDEN

Das vierblättrige Kleeblatt gilt wohl auf der gesamten Welt als Glücksbringer. Der entsprechende Aberglaube ist in ganz Europa, den USA, Australien und Japan bekannt.

Die frühesten Quellen, die den Glauben belegen, dass ein vierblättriges Kleeblatt Glück garantiere, stammen aus dem 16. Jahrhundert. Dort heißt es, dass demjenigen, der eines findet und es behält, sein restliches Leben lang individueller Reichtum beschieden sein wird. Ein ähnlicher Volksglaube besagt, dass dem Glückspilz in naher Zukunft etwas Gutes widerfahren wird.

Ein vierblättriges Kleeblatt zu finden, verspricht besonders bei Glücksspielen und Rennen Erfolg, aber auch, dass eine Hexe dem Menschen, der immer eines mit sich führt, keinen Schaden zufügen kann. Zeigt die Person es jemandem oder gibt es zu schnell wieder her, endet die Glückssträhne augenblicklich.

Vierblättrige Kleeblätter wurden für Glück auf dem neuen Lebensweg häufig Bräuten vor die Füße gestreut. Ein anderer Volksglaube besagt, dass man kurz nach seinem Auffinden seine wahre Liebe trifft.

Mitte des 20. Jahrhunderts glaubte man in Norfolk, England, dass ein vierblättriges Kleeblatt bloß an einem Ort wachse, an dem eine Stute ihr erstes Fohlen zur Welt gebracht hat, wohingegen ein Spruch aus Essex nahelegt: »Finde ein vierblättriges Kleeblatt, und all deine Sorgen sind getilgt.«/ »If you find a four-leaved clover, all your trouble will be over.« In Irland trägt das vierblättrige Kleeblatt den Namen »Shamrock« und stellt dort ein besonders mächtiges und sehr begehrtes Glückssymbol dar. In Deutschland verschenkt man vor allem an Silvester und Neujahr gerne Glücksbringer oder kleine Gegenstände mit vierblättrigen Kleeblättern darauf.

Angeblich hat Eva ein vierblättriges Kleeblatt aus dem Garten Eden mitgenommen – als Erinnerung daran, was sie verloren hat. Die vier Blätter stehen entweder für Glaube, Hoffnung, Liebe und Glück oder für die Dreifaltigkeit und die Gnade Gottes. Es besteht also historisch betrachtet eine Verbindung sowohl mit dem christlichen Glauben als auch mit vorchristlichen Glaubenssätzen.

Vierblättrige Kleeblätter haben zudem eine Verbindung zu Feen – eines zu besitzen, bedeutet angeblich, dass man in der Lage ist, das Feenvolk zu sehen und ihre Beschwörungen zu durchschauen.

WÄHREND EINES GEWITTERS ROT TRAGEN

55

Blitze sind eine majestätische und zugleich angsteinflößende Naturgewalt, und durch die Kraft eines Gewitters können wir uns schon mal sehr klein und unbedeutend fühlen. Die Wahrscheinlichkeit, von einem Blitz getroffen zu werden, ist sehr gering – etwa eins zu 500 999. Dennoch haben viele Menschen eine genaue Vorstellung davon, wie es sich vermeiden lässt, Teil dieser Statistik zu werden.

Einem Aberglauben von den Philippinen zufolge sollte man es um jeden Preis vermeiden, bei Gewitter etwas Rotes zu tragen, da es ganz offensichtlich dazu führe, dass man gegrillt wird. Dieser Volksglaube findet sich auch auf Madagaskar und in der Türkei. Das kommt daher, dass die Farbe Rot angeblich Blitze anzieht. In Japan und Belgien glaubt man, dass man ein Gewitter provoziert, wenn man Mohnblumen pflückt – eine weitere Verbindung zur Farbe Rot. Es gibt jedoch keine wissenschaftliche Grundlage dafür, dass Blitze in Gegenstände einer bestimmten Farbe besonders häufig einschlagen.

Ein roter Himmel ist eine ganz andere Sache. Laut einer Bauernregel bedeutet die Farbe Rot bloß zu Tagesanbruch schlechtes Wetter. Abends bringt sie schönes Wetter für den nächsten Tag: »Abendrot – Schönwetterbot, Morgenrot – mit Regen droht.«

In manchen Gegenden der USA glaubt man, dass man niemals während eines Gewitters duschen sollte, da man sonst sehr wahrscheinlich vom Blitz getroffen wird. Auch sollte man den Fernseher ausstellen und Gespräche über das Festnetz beenden, nur für alle Fälle. Ein anderer weit verbreiteter Volksglaube lautet, dass Blitze, die in nördlicher Richtung zu sehen sind, Regen verkünden.

Auch herrscht eine rege Debatte darüber, welche Bäume den besten Schutz vor Blitzen bieten. Manche glauben, die mächtige Eiche biete den besten Schutz, andere bevorzugen die Stechpalme. In Deutschland hingegen kennt man den Reim »Buchen sollst du suchen, Eichen sollst du weichen.«

Ein weiterer Volksglaube besagt, man könne sein Haus vor Blitzeinschlag schützen, indem man die Überreste eines verbrannten Weihnachtsscheits unters Bett stellt. Laut einer französischen Sage weist übrigens ein vom Blitzschlag angekokelter Stein oder verkohltes Holz bei Kontakt mit einer offenen Wunde heilende Kräfte auf.

DREI SCHLÄGE HÖREN
56

Aller guten Dinge sind drei. Für Schlechtes gilt dies vor allem in Großbritannien und den USA. Dort verbindet ein weit verbreiteter Volksglaube die Zahl mit negativen Konsequenzen. Es heißt, dass man sich auf etwas Schlimmes gefasst machen sollte, wenn man drei Schläge hört, deren Quelle man nicht ausmachen kann.

Die Auswirkung, an die wohl am häufigsten geglaubt wird, wenn jemand drei Schläge hört, ist ein Todesfall in der Familie oder im Freundeskreis. In England glaubt man spätestens seit dem 18. Jahrhundert daran, dass es die Ankündigung eines bevorstehenden Todes ist, wenn man ein dreimaliges Klopfen gegen das Kopfende eines Bettes hört, in dem ein erkrankter Mensch liegt. Viele anekdotische Geschichten erzählen von Begebenheiten, die diesen Aberglauben unterstützen. Doch nicht nur vor Schlägen gegen das Bett sollte man sich hüten – auch drei Schläge gegen eine Tür, Wand oder sogar gegen ein Fenster sind angeblich ein Todesomen.

Der Volksglaube, dass drei Schläge den Tod ankündigen, war selbst im 20. Jahrhundert noch stark verwurzelt. Generell hieß es, dass die Schläge kurz vor einem Todesfall zu hören sind, doch es soll auch vorgekommen sein, dass diese erst nach Eintreten des Todes von einem weit entfernt lebenden Freund oder Verwandten gehört wurden.

Doch was ist, wenn nur zwei Schläge zu hören sind? In diesem Fall ist noch nicht alles verloren: Die kranke Person befindet sich zwar in Gefahr, könnte allerdings auch wieder vollkommen genesen, wenn nicht doch noch drei Schläge vernommen werden. Eng verbunden mit diesem Aberglauben ist die Vorstellung, dass Geister ihre Ankunft durch drei Schläge ankündigen.

Eine Variante dieses Aberglaubens lautet, dass drei Schläge bloß eine Warnung vor drohendem Unheil sein können. Die Zahl Drei könnte auch als Hinweis darauf gedeutet werden, wann ein bestimmtes Ereignis eintritt: in drei Tagen, drei Wochen, drei Monaten oder sogar erst in drei Jahren.

IM FREIEN STRICKEN
57

Einige der ersten Strickprojekte überhaupt werden auf 300 bis 500 n. Chr. datiert und stammen aus dem alten Ägypten. Diese Art der Handarbeit hat also eine lange Tradition. Das Interesse am Stricken hat in den letzten Jahren stark zugenommen und erfreut sich heute sowohl als gewinnbringendes Gewerbe als auch als kurzweiliger Zeitvertreib großer Beliebtheit. Menschen jeden Alters greifen zu den Nadeln, um alles Mögliche zu kreieren. Doch bevor Sie sich jetzt gleich an Ihr nächstes Strickwerk setzen, sollten Sie zuvor noch sicherstellen, dass Sie dabei nichts tun, was unvorhersehbare Konsequenzen nach sich ziehen könnte.

Laut einem isländischen Aberglauben sollte man dem Drang zu stricken niemals im Freien nachgeben, vor allem nicht in den Wintermonaten. Im Freien zu stricken verlängert angeblich den Winter, sodass die Sonne noch auf sich warten lässt. Stattdessen sollte man sich dazu besser in geschlossene Räume begeben – vielleicht nicht die schlechteste Idee, wenn draußen Eis und Schnee toben!

Ein anderer Aberglaube, der sich ums Thema Stricken dreht, ist der »Fluch des Liebespullovers«. Laut dieses Pulli-Fluchs kann es nur in einer Katastrophe enden, wenn man einem geliebten Menschen einen Pullover stricken möchte, da man beim Überreichen desselben angeblich das Ende der Beziehung einläutet. Dieser Aberglaube existiert in unterschiedlichen Gegenden der Welt, weswegen Sie Ihrer besseren Hälfte lieber ein anderes Geschenk besorgen sollten. Ein ähnlicher Aberglaube besagt, dass das Stricken von Socken für einen Geliebten oder eine Geliebte dazu führt, dass die beschenkte Person einem davonlaufen wird.

Auch sollte man seine Stricknadeln niemals einem Freund oder einer Freundin reichen, da man so Gefahr läuft, dass die Beziehung dadurch erstochen oder durchstoßen wird. Stattdessen müssen die Nadeln abgelegt und von der anderen Person aufgehoben werden.

Ein neues Strickprojekt an einem Freitag zu beginnen, wird auch nicht empfohlen, genauso wie das Stricken von Babykleidung vor dessen Geburt, da beides angeblich zu großem Unglück führt.

In Lettland sollten für die besten und schönsten Socken und Handschuhe selbige am besten bereits im Sommer gestrickt werden.

GLÜCKSBRINGER SCHORNSTEINFEGER

58

Viele können sich aus ihrer Kindheit noch sehr lebhaft an die Schornsteinfeger-Szene aus dem Disney-Film *Mary Poppins* erinnern. Auch wenn das Buch sich in den letzten Jahren dem Vorwurf des Rassismus stellen musste, betrachtete man in vielen Gegenden Europas Schornsteinfeger seit langer Zeit als Glückbringer.

Schornsteinfeger gelten in Deutschland, Ungarn und vielen anderen osteuropäischen Ländern als Glückssymbol. In Tschechien sogar als menschgewordene Glücksbringer. Wenn man einem begegnet, soll man ihn berühren oder sich an einen Knopf greifen und sich etwas wünschen. Auch in Polen ist der Kaminkehrer als Glücksbringer bekannt, und das Berühren eines Knopfes ist ein absolutes Muss. Das größtmögliche Glück garantiert jedoch angeblich die aufeinanderfolgende Sichtung eines Schornsteinfegers, eines Geistlichen und eines weißen Pferdes!

Vermutlich stammt die Vorstellung des Glück bringenden Schornsteinfegers aus dem 18. Jahrhundert. Laut einer alten Legende befand sich Georg III. von England (oder Georg II., je nachdem, welche Version man zu hören bekommt) in einer brenzligen Situation, als sein Pferd sich bei einem Ausritt erschreckte und durchging. Ein mutiger Schornsteinfeger soll den dankbaren Monarchen gerettet haben, der daraufhin verkünden ließ, dass Schornsteinfeger Glück bringen, und dafür sogar ein königliches Dekret aufsetzen ließ.

In England und Irland herrschte die Praxis, sich vor einem Schornsteinfeger zu verbeugen, vor ihm zu knicksen oder den Hut vor ihm zu ziehen, um das Glück anzuziehen. Einem Schornsteinfeger einen guten Morgen zu wünschen, galt ebenfalls als Glück bringend. Das Glück vermehrt sich sogar, wenn man mehrere Schornsteinfeger auf einmal sieht – je mehr, desto besser.

Am eigenen Hochzeitstag einen Schornsteinfeger zu sehen, soll besonderes Glück verheißen, und so hat manch Schornsteinfeger ein nettes Trinkgeld gemacht, indem er auf Hochzeiten die Braut küsste! Bei der Vermählung von Elisabeth II. und Prinz Philip sollte jedoch ein Händedruck vor dem Kensington Palace ausreichen, um ihnen Glück zu bringen. Doch Vorsicht: Am Hochzeitstag einen Schornsteinfeger von hinten zu sehen, soll Pech bringen!

UNGLÜCK VERHEISSENDER PRÄSIDENT MENEM
59

Bisher wurde viel über Gegenstände und Verhaltensweisen gesprochen, die angeblich Unglück bringen. Doch wie steht es eigentlich um Menschen? Ein argentinischer Aberglaube dreht sich um den verstorbenen und sehr umstrittenen Präsidenten Carlos Saúl Menem und besagt, dass bereits seine bloße Gegenwart jedem Anwesenden Unglück brachte.

Menem war von Juli 1989 bis Dezember 1999 Präsident und wird seit damals von vielen Argentinier:innen als *mufa* betrachtet – als extrem Unglück bringender Mensch. Viele Katastrophen werden ihm zugeschrieben. Es heißt, dass sein Unglück für den Unfall verantwortlich war, bei dem Daniel Scioli, der Champion im Motorbootrennen, einen Arm verlor, nachdem der Präsident ihm zuvor die Hand geschüttelt hatte. Das Karriereende der Tennisspielerin Gabriela Sabatini wird damit begründet, dass sie unbedacht gegen Menem im Tennis angetreten war. Zwei Politiker, die Menem berufen hatte, starben kurz darauf. Bei der Fußballweltmeisterschaft in Argentinien brach sich der argentinische Torwart die Kniescheibe, kurz nachdem der Präsident ihm bei dem Versuch, ihm die Hand zu schütteln, versehentlich das Knie getätschelt hatte. Und egal, ob diese Begebenheiten der Wahrheit entsprechen oder nicht, die Verbindung Menems zu großem Unglück blieb bestehen und wurde sogar mit dem Erdbeben von San Andreas 1989 und der argentinischen Wirtschaftskrise von 2001 in Verbindung gebracht.

Der begeisterte Sportfan Menem wurde von den Spielen seines Lieblingsfußballvereins Atletico River Plate ausgeschlossen, aus Angst, seine Anwesenheit könnte das Ergebnis der Spiele beeinflussen. Es heißt, dass Menem selbst daran glaubte, verflucht zu sein.

Nur seinen Namen zu nennen, soll Unglück bringen. Manche nennen ihn daher *Mendem* oder *Mendez*. Gibt es irgendeine Möglichkeit, den Menem-Fluch aufzuheben? Sollten Sie so unvorsichtig sein, seinen Namen auszusprechen, berühren Sie mit der rechten Hand ihren linken Hoden bzw. ihre linke Brust, um das Unglück abzuwehren, das Sie andernfalls heimsucht.

Dennoch sollte man das Ganze auch nicht zu negativ sehen. Zumindest wurden keine fatalen Auswirkungen verzeichnet, nachdem Menem im Jahr 1998 auf Königin Elisabeth II. traf.

SCHLUCKAUF

60

Schluckauf ist ein weit verbreitetes und irritierendes Leiden, das meist in den ungelegensten Augenblicken auftritt. Von Kindesbeinen an bekommt man Diverses zu hören, das angeblich gegen diesen unangenehmen Zustand helfen soll: vom banalen Luftanhalten bis zum anspruchsvolleren Trinken eines Glases Wasser über Kopf. Doch was sagt der Aberglaube über die Bedeutung von Schluckauf?

In einigen Fällen ist so ein Schluckauf negativ besetzt: In Kolumbien gilt ein Schluckauf als gefährlich, und manche glauben sogar, dass man daran sterben könnte. Doch wenn man sich dort ein kleines Stück nassen Papiers zwischen die Augenbrauen klebt, soll er angeblich schnell wieder nachlassen. In Japan herrscht der Aberglaube vor, dass man stirbt, wenn man bei einem Schluckauf hundertmal hintereinander hicksen muss. In Indien gilt er als Hinweis darauf, dass eine Person schlecht über einen denkt – egal, ob er von Dauer ist oder nach einem Hickser bereits wieder beendet. Er könnte auch lediglich anzeigen, dass diese Person im betreffenden Moment an einen denkt. Urteilen Sie also nicht vorschnell!

Auch in Deutschland und Russland ist Schluckauf ein Zeichen dafür, dass eine Person an einen denkt oder einen vermisst. Manche glauben, dass man in so einem Moment gedanklich eine Liste all seiner Freund:innen und Bekannten durchgehen sollte und die Person, bei der der Schluckauf aufhört, diejenige ist, die gerade an einen denkt. Dies wird generell als etwas Gutes betrachtet, da dieser Mensch angeblich ebenfalls Gutes über einen denkt. In Ungarn kann ein Schluckauf bedeuten, dass jemand über einen spricht. In Rumänien bedeutet es entweder, dass an einen gedacht oder über einen gesprochen wird. Dort heißt es, dass der Schluckauf so lange andauert, bis man den Namen der jeweiligen Person erraten hat.

Es kursieren jede Menge angebliche Heilmethoden gegen Schluckauf: In England glaubte man lange Zeit, es helfe, sich auf den Zeigefinger der rechten Hand zu spucken, ein Kreuz vor dem linken Schuh zu zeichnen und das Vaterunser rückwärts aufzusagen. Auf den Philippinen soll es helfen, ein Stück Papier zu befeuchten und es sich an die Stirn zu heften. In Norwegen glaubt man, dass man ein Messer in ein Glass Wasser stellen und dann drei Schlucke daraus trinken muss.

DER ERSTE SCHMETTERLING DES JAHRES
61

Das Sichten eines vorbei flatternden Schmetterlings, sei es der prächtige Admiral oder der unscheinbare Kleine Kohlweißling, ist eine der Freuden der wärmeren Monate des Jahres. In der vielfältigen Folklore, die sich um diese flatterhaften Wesen dreht, wird vor allem dem ersten Schmetterling, den man im neuen Jahr sieht, eine große Bedeutung zugesprochen. Merken Sie sich dabei unbedingt die Farbe des Tiers, da diese angeblich Einfluss auf den Verlauf der kommenden Monate hat.

In Brasilien gelten weiße Schmetterlinge als Zeichen des Glücks, und wenn dies auf den ersten Schmetterling des Jahres zutrifft, kann man sich auf ein erfolgreiches und glückliches Jahr freuen.

Auch laut englischem Aberglauben wird es ein gutes Jahr, wenn man als Erstes einen weißen Schmetterling sichtet – denn das bedeutet angeblich, dass man reichlich weißes Brot essen wird, welches seit dem späten 19. Jahrhundert gleichbedeutend mit großem Glück ist. Wenn man jedoch zunächst einen braunen Schmetterling sichtet, sollte man auf der Hut sein, da dieser für dunkles Brot steht und angeblich Unglück im bevorstehenden Jahr voraussagt.

Auch in Irland bringt es Glück, als Allererstes einen weißen Schmetterling zu sichten. Dort glaubt man, dass diese die Seelen verstorbener Kinder sind. Auch in Deutschland und Japan heißt es, dass weiße Schmetterlinge die Seelen Verstorbener sind. Auf den Philippinen, Zentralamerika und in China werden Schmetterlinge als Zeichen verstorbener Freund:innen oder Angehöriger betrachtet, die Kontakt mit einem aufnehmen möchten.

Ein anderer Aberglaube, der glücklicherweise nicht mehr sehr weit verbreitet ist, besagt, dass man den ersten Schmetterling des Jahres töten sollte. Dies nicht zu tun, würde angeblich zu großem Unglück im bevorstehenden Jahr führen.

Schwarze oder dunkle Schmetterlinge werden oft für ein schlechtes Omen gehalten, das einen Todesfall oder großes Unglück voraussagt.

EINE ZIGARETTE AN EINER KERZE ANZÜNDEN

Auch wenn heutzutage weithin bekannt ist, dass das Rauchen schlecht für die Gesundheit ist, galt es lange Zeit als schick, und die Tabakindustrie boomte für viele Jahre. Laut einem noch immer weit verbreiteten Aberglauben sollte man stets vorsichtig sein, womit man sich seine Zigarette anzündet – wenn man hierfür eine Kerze wählt, riskiert man angeblich das Leben eines Seefahrers.

Dieser Aberglaube findet sich in ganz Nord- und Osteuropa, und auch in vielen anderen Gegenden ist es ein absolutes Tabu, sich seine Zigarette an einer Kerze anzuzünden. Auch in Deutschland ist dieser Aberglaube bekannt, hier stirbt dabei allerdings, je nach Version, entweder ein Seefahrer oder ein Engel. Doch selbstverständlich gibt es auch für dieses Fiasko eine Möglichkeit, die Folgen dieser Handlung noch abzuwehren: Wenn man direkt im Anschluss auf einen Tisch klopft, sollten Seefahrende und Engel wieder in Sicherheit sein. In Island kennt man diesen Aberglauben ebenfalls – dort stirbt jedoch nicht nur ein Seefahrer, es gilt auch allgemein als ziemlich unhöflich, drei Zigaretten an derselben Kerze zu entzünden.

Der genaue Ursprung dieses Aberglaubens ist nicht bekannt. Manche behaupten jedoch, dass er aus der Zeit stammt, in der ein Seefahrer finanziell noch nicht so abgesichert war wie heutzutage und manch einer seinen Lebensunterhalt mit der Herstellung und dem Verkauf von Streichhölzern aufgebessert hat. Weshalb man einen Seefahrer, wenn man der Geschichte Glauben schenken mag, um sein Einkommen, ihn im schlimmsten Fall sogar ins Grab brachte, wenn man sich eine Zigarette an einer Kerze anzündete, statt Streichhölzer zu verwenden. Obwohl sich die Zeiten für Berufsseeleute mittlerweile gebessert haben, hält sich der Aberglaube bis heute.

In Russland wurden in den letzten Jahren sogar mehrere Menschen strafrechtlich verfolgt, weil sie ihre Zigaretten an Kirchenkerzen angezündet hatten und dies ein religiöses Vergehen darstellt.

ROTHAARIGES UNGLÜCK

Haare können vielfältige Farben und Nuancen aufweisen. Dennoch scheinen im Laufe der Geschichte vor allem rote Haare unverdienterweise einen besonders schlechten Ruf genossen zu haben. Rothaarige wurden gleichermaßen verehrt und geschmäht, doch allgemeinhin glaubte man, dass rothaarige Menschen Unglück bringen.

Rotes Haar wurde auch lange Zeit mit Tücke und einer raffinierten, betrügerischen Persönlichkeit in Verbindung gesetzt. Besonders ausgeprägt war dieser Glaube im 15. Jahrhundert, als man Rothaarige mit Füchsen verglich, die angeblich die gleichen, nicht besonders wünschenswerten Charakterzüge besitzen.

Ein Reisender beobachtete im 19. Jahrhundert, dass in sämtlichen Gegenden Englands, die er besuchte, die gleichen Vorurteile gegen diese Menschen vorherrschten. Man glaubte sogar, dass ein rothaariges Kind auf die Untreue der Mutter hinweise, weshalb man eben auch der Ansicht war, sie brächten Unglück.

Allgemein wird Unglück vermutet, wenn der erste, dem man auf einer Reise begegnet, ein rothaariger Mensch ist. Laut irischem Aberglauben kann man sich auf einen schlechten Tag einstellen, wenn man morgens als Erstes einer rothaarigen Frau begegnet. In Schottland und andernorts bedeutet es einen schlechten Fang, wenn man auf dem Weg zum Meer eine rothaarige Person trifft oder sogar an Bord hat. Auch soll es Unglück bringen, an Neujahr jemand Rothaariges im Haus zu haben, und wenn ein rothaariger Mann an Neujahr als Erster über eine Schwelle tritt, soll in diesem Haus noch vor Ende des Jahres ein Todesfall eintreten. Vermeintlich werden rothaarige Menschen sogar häufiger von Bienen gestochen.

In Neuseeland hingegen bringt rotes Haar Glück, und auch in Deutschland gilt ein rothaariges Baby als Glücksfall. In Polen hält man es für besonders glücksverheißend, wenn man drei Rothaarigen hintereinander begegnet: Die Chancen auf einen Lottogewinn sollen dann außerordentlich hoch stehen.

In den letzten Jahren gab es weltweit verschiedene Treffen, bei denen Menschen gemeinsam ihre roten Haare zelebrierten. Das größte Treffen, das dreitägige Redhead Day Festival, fand 2005 in den Niederlanden mit Teilnehmenden aus über achtzig Ländern statt.

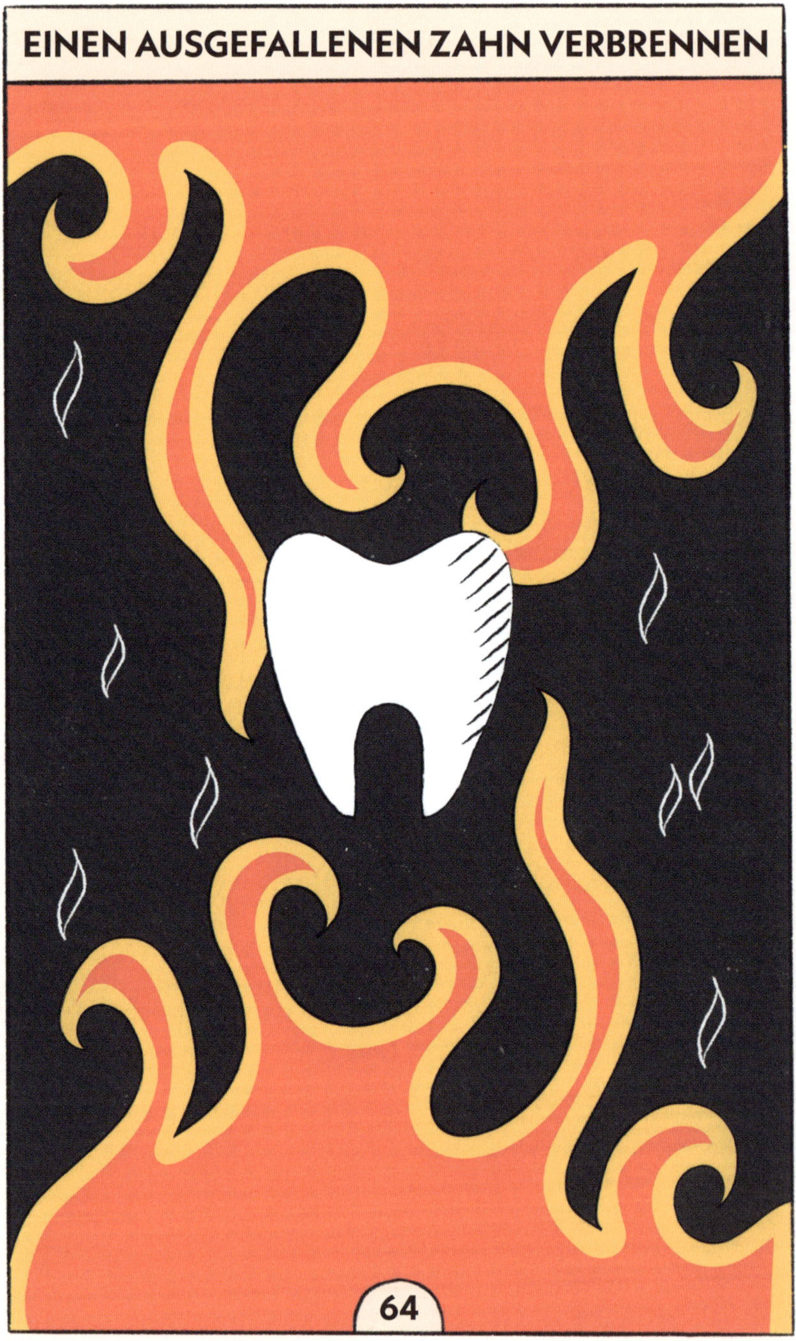
EINEN AUSGEFALLENEN ZAHN VERBRENNEN
64

Einen Zahn zu verlieren, vor allem wenn es der alles entscheidende erste ist, ist ein Meilenstein im Leben eines Kindes. Dennoch bleibt dabei eine Frage offen: Was genau tut man am besten mit dem Zahn, wenn man ihn nicht länger braucht?

Eine gängige Ansicht ist es, dass man einen ausgefallenen oder gezogenen Zahn verbrennen sollte. Dieser Volksglaube herrscht in England mindestens seit dem 17. Jahrhundert vor, als einem in solchen Fällen geraten wurde, den Zahn entweder einzuwickeln oder in Salz zu legen, bevor man ihn verbrannte. Ein aus dem 19. Jahrhundert stammender Volksglaube besagt, dass der unglücklichen Person, deren Zahn nicht verbrannt, sondern von einem Tier gefunden und gefressen wurde, keine menschlichen Zähne nachwachsen würden, sondern die des Tieres, das den Zahn gefressen hat.

Zähne zu verbrennen, war lange Zeit in ganz Europa weit verbreitet. Ein weiterer Grund hierfür war, dass man annahm, dass eine Hexe die Macht über eine Person ergreifen und sie kontrollieren konnte, wenn sie einen Zahn von ihr besaß. Zähne zu vergraben, war eine weitere Lösung für dieses Problem. Man hoffte, dass der Zahn dadurch stark wie eine Pflanze nachwachsen würde.

Im englischen Devon behielt man die Zähne, anstatt sie wegzuwerfen, um zu verhindern, dass ein Hund oder ein Feind sie findet, was katastrophale Konsequenzen nach sich ziehen würde.

In manchen asiatischen Ländern, darunter China, Korea, Indien und Japan, war es üblich, einen Zahn entweder auf ein Dach zu werfen, wenn es sich um einen der unteren Zähne handelte, oder nach unten auf den Boden zu werfen, wenn es sich um einen der oberen Zähne handelte. Dies sollte den neuen Zahn dazu animieren, in die richtige Richtung zu wachsen. In manchen zentralasiatischen Ländern wurden Milchzähne allerdings auch in Fett eingelegt und Hunden zu fressen gegeben. Dadurch erhoffte man sich, dass der neue Zahn so stark wie der eines Hundes werden würde.

DAS SIEBTE KIND
7
65

7

Die Nummer sieben ist weltweit eine bedeutungsschwangere Zahl, der lange mystische Eigenschaften nachgesagt wurden. Laut einem weitverbreiteten Volksglauben verfügt das siebte Kind einer Familie über verschiedene übernatürliche und heilende Gaben.

Ursprünglich bezog sich dieser Aberglaube bloß auf den siebten Sohn, der angeblich über besondere Kräfte verfügt. Diese Kräfte verstärkten sich sogar noch, wenn bereits der Vater ein siebter Sohn war. Es war dabei von großer Bedeutung, dass die Reihe der Söhne nicht durch ein Mädchen unterbrochen worden war, obwohl der Aberglaube später auch auf die siebte Tochter in Folge erweitert wurde. In Schottland glaubte man, dass die siebte Tochter einer siebten Tochter die Gabe des zweiten Gesichts besäße.

Im England des 16. Jahrhunderts war der Volksglaube weit verbreitet, dass ein siebter Sohn bei bloßer Berührung Skrofulose – auch als Hauttuberkulose bekannt – heilen könne. Im 18. Jahrhundert weitete sich diese Heilungsfähigkeit noch auf alle möglichen anderen Leiden aus. In Frankreich nennt man einen siebten Sohn *marcou*, und auch hier kann er angeblich Skrofulose heilen, eine Eigenschaft, die man sonst lediglich einer königlichen Berührung zusprach. Wer einen *Fleur-de-Lys*-förmigen Ausschlag auf seinem Körper trug, berührte diesen entweder zu Heilzwecken oder ließ sich von einem *marcou* darauf pusten. Laut irischem Aberglauben hat der Speichel eines siebten Sohns heilende Wirkung. Ein anderer weit verbreiteter Aberglaube besagt, dass der siebte Sohn sehr wahrscheinlich Arzt wird, wobei ihm seine Heilungsfähigkeiten wohl sehr zugutekommen.

Der rumänische Aberglaube hingegen ist weit weniger positiv: Dieser geht davon aus, dass siebte Söhne besonders dazu neigen, sich in einen *Strigoi*, also einen Vampir zu verwandeln. In Argentinien glaubt man an die Veranlagung siebter Söhne, sich in einen *lobison*, eine Art Werwolf zu verwandeln. Die Angst vor Werwölfen war dort im 19. Jahrhundert so ausgeprägt, dass manch siebter Sohn sogar ermordet wurde. Völlig unabhängig davon ist der argentinische Präsident der Taufpate aller siebten Söhne. Angeblich eine Praxis aus dem zaristischen Russland, die sich 1907 in Argentinien etablierte. Erst in den 1970er-Jahren erhielten auch siebte Töchter dieses Privileg.

DREI AUF EINEN STREICH

Bei einem weiteren Aberglauben, der sich mit dem Entzünden von Zigaretten befasst, geht es darum, drei Zigaretten mit einem einzigen Streichholz anzuzünden. Er stammt aus dem 19. oder frühen 20. Jahrhundert und prophezeit, dass die dritte Person, die am gleichen Streichholz ihre Zigarette anzündet, daraufhin stirbt.

Dieser Aberglaube hat einen militärischen Ursprung und richtete sich vor allem an rauchende Soldaten. Er besagt, dass die erste Zigarette durch ihr Licht den Feind warnt, dieser beim Entzünden der zweiten sein Ziel anvisiert und das Licht der dritten entzündeten Zigarette es ihm ermöglicht, zu schießen und den unglücklichen Menschen zu treffen, der diese in der Hand hält.

In welcher Zeit der Aberglaube genau entstand, ist nicht bekannt. Manche vermuten, dass er in den 1920er-Jahren aufgekommen ist. Laut dieser Theorie nutzte Ivar Kreuger, seinerzeit Streichholzmagnat, den Aberglauben, um den Gebrauch von mehr Streichhölzern anzuregen und damit seine Verkäufe anzukurbeln. Allerdings lassen sich bereits Quellen von 1916 finden, die über den Ursprung des Aberglaubens rätseln, weshalb er zu diesem Zeitpunkt bereits etabliert gewesen sein muss. Einige vermuten, dass er seinen Ursprung im Burenkrieg hat, der von 1899–1902 geführt wurde. Es heißt, dass in diesem so viele Männer direkt nach dem Entzünden der dritten Zigarette erschossen wurden, dass dieser negative Zusammenhang tatsächlich dort seinen Anfang haben könnte.

Eine weitere Erklärung stammt aus Russland, wo während eines Beerdigungsritus drei Altarkerzen mit ein und derselben Kerze entzündet werden. Es beim Rauchen genauso zu machen, gilt dort als gotteslästerlich und soll Unglück bringen. Der Volksglaube wird auch in einer mexikanischen Quelle aus dem späten 19. Jahrhundert erwähnt – dort heißt es, dass dem Mann, der seine Zigarette als Dritter am gleichen Streichholz entzündet, großes Unglück widerfahren wird. Auch im Essex des späten 20. Jahrhunderts war man überzeugt, dass man niemals jemandem dreimal ein und dasselbe Streichholz anbieten dürfe. Dieser Aberglaube herrscht bis heute vor, und in vielen Filmen, Serien, Liedern und Büchern des 20. und 21. Jahrhunderts finden sich Anspielungen darauf.

SPIEGEL ABDECKEN
67

Viele Aberglauben aus aller Welt beschäftigen sich mit Spiegeln und was sich in ihnen reflektiert. Ein relativ bekannter beschreibt die Praxis, einen Spiegel abzudecken, vor allem dann, wenn jemand krank oder gestorben ist, oder auch während eines Gewitters. Von diesem Aberglauben existiert eine Vielzahl an Varianten.

So ist es zum Beispiel üblich, einen Spiegel abzuhängen oder ihn mit dem Glas zur Wand zu drehen, wenn es zu einem Todesfall kam. In manchen Fällen bezieht sich dies auch auf sämtliche spiegelnde Oberflächen wie verglaste Gemälde oder gerahmte Bilder.

Manche glauben, dass noch im Augenblick des Todes alles abgehängt werden muss, andere wiederum, dass dies bereits geschehen sollte, wenn die erkrankte Person noch am Leben ist, da es Unglück bringen soll, wenn diese sich selbst im Spiegel sieht.

In China gibt es gleich mehrere Begründungen für das Abhängen von Spiegeln nach einem Todesfall. Eine lautet, dass es zu weiteren Todesfällen in der Familie kommen würde, wenn jemand die Spiegelung des Sarges sieht. Eine weitere besagt, dass es den Geist der verstorbenen Person traurig machen würde, sein Spiegelbild zu sehen, da ihm bewusst werden würde, dass er nun ein Geist ist.

Gemäß einem anderen weit verbreiteten Aberglauben besteht das Risiko, den Verstorbenen – oder den Teufel – hinter sich zu erblicken, wenn man in dem Zimmer, in dem jemand gestorben ist, in den Spiegel sieht. Ein weiterer lautet, dass der Verstorbene sich selbst im Spiegel erblicken und daraufhin zu verwirrt oder auch einfach nicht mehr willens sein könnte, in die Geisterwelt überzutreten, und stattdessen auf der Erde verweilt.

Dank des Aberglaubens, dass Spiegel mit dem Tod in Zusammenhang stehen, ist es seit Jahrhunderten in vielen Kulturen gängige Praxis, einen Spiegel abzuhängen. In vielen Gegenden Europas wurden Spiegel stets mit weißen Laken abgehängt, manchmal auch mit schwarzen. Bei der Beerdigung des amerikanischen Präsidenten Abraham Lincoln im Jahr 1865 wurden die Rahmen mit schwarzen Tüchern und der Spiegel selbst mit einem weißen Laken abgehängt.

HAARE ENTSORGEN

68

Egal, ob man sich nur die Spitzen schneiden lässt oder gleich seinen ganzen Look verändert: Sich die Haare schneiden zu lassen, resultiert stets in einer großen Menge an Haarresten, die niemand mehr braucht. Beim Profi werden diese zusammengefegt, und man verschwendet keinen weiteren Gedanken an sie. Ein bestimmter Aberglaube besagt jedoch, dass man besondere Vorsicht walten lassen sollte, wenn es um die Entsorgung dieser unerwünschten Strähnen geht.

Ein Grund, weswegen man so vorsichtig sein sollte, ist die Vorstellung, dass jemand, der im Besitz von Haaren – oder etwas anderem vom Körper stammenden wie Fingernägeln – ist, diese dazu benutzen könnte, der Person mittels Analogiezauber Schaden zuzufügen. Vermeintliche Hexen wurden oft beschuldigt, mit den Haaren ihrer Opfer großes Unheil verursacht zu haben.

In Großbritannien glaubte man zudem, dass Vögel aus den Haarsträhnen Nester bauen würden. Für die Vögel scheint das keine schlechte Idee zu sein, doch für den ehemaligen Besitzer der Haare könnte das übel ausgehen. Man glaubte, dass die Person unter entsetzlichen Kopfschmerzen leiden würde, sobald der Vogel anfing, die Haare zu einem Nest zusammenzudrehen. Und sollte es sich dabei auch noch um eine Elster handeln, wäre das Ergebnis noch viel fataler.

Die beste Möglichkeit, diese unerwünschten Ergebnisse zu verhindern, soll es sein, die Haare zusammenzukehren und anschließend zu verbrennen – so ist sichergestellt, dass niemand sich etwas davon nehmen und für schändliche Zwecke nutzen kann. Doch Achtung: Angeblich bringt es Unglück, die Haare einfach wegzuwerfen.

In Irland geht man allerdings vom genauen Gegenteil aus: Dort glaubt man, dass das Haar auf keinen Fall verbrannt werden darf, sondern unbedingt vergraben oder an einem anderen sicheren Ort aufbewahrt werden muss. Denn am Tag der Auferstehung benötigt jeder Mensch all seine Haare, wenn er vor Gott treten will.

Ein niederländischer Aberglaube besagt, dass man mithilfe einer Haarsträhne seine Lebensdauer herausfinden kann. Dafür schneidet man eine ab und zündet sie an: Braucht sie lange, um abzubrennen, lebt man mindestens noch siebzig Jahre. Macht sie sich stichflammenartig davon? Tja, es ist ja nur ein Aberglaube, richtig?

MIT ZÄHNEN GEBOREN WERDEN
69

Babys werden normalerweise ohne Zähne geboren, doch in seltenen Fällen – etwa bei einem von 2500 Babys – werden sie mit einem oder auch zwei Zähnen geboren. In der Regel mit den unteren Schneidezähnen. Diesen sogenannten Hexenzähnen wurde im Laufe der Geschichte häufig mit Argwohn, aber auch mit Verehrung begegnet. Kein Wunder, dass sich viele Aberglauben um dieses Phänomen drehen.

Bereits im Jahr 77 n. Chr. bezeichnete der römische Gelehrte Plinius der Ältere Babys, die mit einem Zahn geboren wurden, als etwas ganz Besonderes. Er nennt Beispiele bedeutender Männer, die angeblich alle mit einem Zahn geboren wurden, warnt jedoch auch davor, dass es großes Unglück nach sich ziehe, wenn das gleiche bei einem Mädchen der Fall ist.

Die Meinungen gehen seither weltweit auseinander, wenn es darum geht, ob ein mit Zahn geborenes Baby nun ein verheißungsvolles Zeichen oder Grund zur Sorge ist. Manche glauben, es sei ein Vorbote für ein glückliches Leben des Babys und dafür, dass es besonders intelligent sei. Menschen mit gegenteiliger Meinung glauben hingegen, dass der geborene Mensch zu einem Mörder heranwachsen oder gehängt werden wird. In manchen Gegenden glaubte man, dass mit Zähnen geborene Babys der Gemeinde, in der sie leben, großes Unglück bringen würden, wohingegen man andernorts sicher ist, dass frühe Zähne Glück für die Angehörigen bedeuten.

Auch sehr bald hervorbrechende Zähne – auch bekannt als neonatale Zähne – wurden schon immer als etwas Besonderes betrachtet. Sie bedeuten angeblich, dass das Kind schon bald Geschwister bekommen wird. Ein aus Lancashire stammendes Sprichwort lautet: »Soon with goom, quick with woom«, also »frühe Zähne, früher Mutterleib«. Die Mutter des Babys soll also schon bald erneut schwanger werden.

Manche verbanden frühe Zähne allerdings auch mit einem frühen Tod. Wenn der erste Zahn oben durchbrach, wurde dies als Zeichen für ein kurzes Leben betrachtet. Brach er jedoch unten durch, konnte die Familie erleichtert aufatmen: Dies wurde so gedeutet, dass dem Kind ein langes Leben bevorstehe.

EINE KRÖTE KREUZT DEN WEG

70

Kröten hängt seit Jahrhunderten ein schlechter Ruf nach. Sie werden oft mit dunklen und unheimlichen Orten, Zauberei und schwarzer Magie in Verbindung gesetzt. Häufig wird behauptet, sie würden Menschen anspucken, sie seien giftig oder könnten Krankheiten übertragen. Doch was sagt der Aberglaube darüber, was passiert, wenn man einem dieser verleumdeten Wesen begegnet? Ganz so schlimm, wie Sie jetzt vielleicht vermuten, ist es dann doch nicht.

Im schottischen Edinburgh des 19. Jahrhunderts war man sogar der Überzeugung, es bringe Glück, wenn einer Braut eine Kröte über den Weg hüpft. Im englischen Devon jedoch glaubte man noch im 20. Jahrhundert, dass Brautleute großes Unglück erwarte, wenn sie eine Kröte zu Gesicht bekämen. In Somerset galt, dass es ganz allgemein Glück bringe, wenn einem eine Kröte über den Weg läuft. Man sollte allerdings genau darauf achten, sie nicht zu erschrecken, da angeblich der Tod lauert, wenn eine Kröte vor einem davonhüpft.

Es könnte also Unglück bringen, wenn die Kröte einem direkt vor die Füße läuft, aber jedes potenzielle Unheil kann vermieden werden, wenn man im Anschluss einfach einmal auf den Boden spuckt.

In den USA kann eine Begegnung mit einer Kröte Regen bedeuten oder einen gestoßenen Zeh, aber auch einen familiären Todesfall ankündigen. Viele glaubten auch lange, sie ließen die Milch von Kühen versiegen. Manche meinten, dass eine Kröte ihre Macht über jemanden verliert, wenn man sie tötet. Doch Vorsicht: Sie loszuwerden könnte womöglich eine Pechsträhne für das restliche Jahr nach sich ziehen.

Da eine Kröte häufig mit Zauberei in Zusammenhang gebracht wird, ist sie auch kein besonders gern gesehener Gast: Eine Kröte im Haus bringt angeblich Unglück und gilt als Zeichen, dass der gesamte Haushalt verflucht wurde. Daher wurden Kröten stets mit äußerster Vorsicht hinausgetragen.

In manchen Kulturen stehen Kröten für Glück und Wohlstand. Einer zu begegnen, soll einem dort finanzielles Glück bescheren. Man verwendete sie bei der Zubereitung von Volksmedizin auch gerne als Heilmittel gegen eine Vielzahl an Leiden, darunter Keuchhusten, Epilepsie und Warzen. In Schottland rieb man einen verstauchten Knöchel zu dessen Heilung mit einer lebendigen Kröte ein.

GLÜCKSBRINGER SILBERMÜNZE

Silber wird seit Jahrhunderten mit Schutz und Heilung in Verbindung gebracht, und angeblich soll es gegen so manches Leid und Unheil helfen. Silbermünzen sollen zudem ganz besonders viel Glück bringen. Auch um sie dreht sich eine Vielzahl an Aberglauben.

Bei einer weit verbreiteten Hochzeitstradition steckt sich die Braut eine Silbermünze in den Schuh. In einem englischen Reim heißt es: »Something old, something new, something borrowed, something blue, and a silver sixpence in her shoe.« Also: »Etwas Altes, etwas Neues, etwas Geborgtes, etwas Blaues und eine silberne Sixpence-Münze in ihrem Schuh.« Die Münze bringt der Braut angeblich Glück an ihrem Hochzeitstag und darüber hinaus.

In Schottland ist es der Bräutigam, der sich die Münze in den Schuh steckt, um zu verhindern, von einem enttäuschten Rivalen verflucht zu werden. Ebenfalls dort wurde einer Braut, die mehrere Verehrer abgewiesen hatte, geraten, ein Stück Silber in einem ihrer Schuhe bei sich zu tragen, um den Zorn der Verschmähten abzuwehren.

In Schweden erhält die Braut eine Goldmünze von ihrer Mutter, die sie sich in den rechten Schuh steckt, und eine Silbermünze von ihrem Vater für den linken Schuh, damit ihr nie das Geld ausgeht.

In Litauen schmeißen die Hochzeitsgäste Münzen auf den Boden der Tanzfläche, bevor die Neuvermählten den ersten Tanz beginnen. Auf einer der Münzen befinden sich die Initialen von Braut und Bräutigam. Nach dem Tanz werden die Münzen aufgesammelt und in einem Glas aufbewahrt, und derjenige, der die Münze mit den Initialen darauf gefunden hat, darf mit Braut oder Bräutigam tanzen.

Eine weitere gängige Praxis ist es, eine silberne Münze in den Weihnachtspudding zu rühren. Denjenigen, der sie in seiner Portion findet, erwartet im folgenden Jahr besonders viel Glück. Manche backen auch an Neujahr ein Brot mit einer Silbermünze darin. Wer sie findet, kann sich auf ein erfolgreiches Jahr freuen.

Eine silberne Münze in der Tasche ist auch ein Mittel für Prüfungserfolg. Und eine beim Hausbau unter der Schwelle vergrabene Silbermünze soll besonders viel Glück bringen. Laut Folklore kann man mit einer Silbermünze Wesen töten, die gegen normale Bleikugeln immun sind, wie Hexen oder Werwölfe.

EINE STERNSCHNUPPE SEHEN
72

Viele von uns haben schon sehnsüchtig den Himmel nach einer Sternschnuppe abgesucht. Tatsächlich handelt es sich bei den charakteristischen kurzweiligen Lichtstreifen gar nicht um Sterne, sondern um das leicht zu übersehende Aufblitzen eines Meteoriten, der die Erdatmosphäre durchbricht. Wie man sich verhalten sollte, wenn man einmal eine sichtet, geben die unterschiedlichsten Aberglauben vor.

Die Annahme, dass Sternschnuppen eine Bedeutung innewohnt, ist beinahe universell. Ein Aberglaube besagt, dass dieses Phänomen eine Geburt verkünde oder sogar anzeige, wo genau das Baby geboren werde. Der sogenannte Stern ist angeblich die Seele des neugeborenen Kindes, die vom Himmel herabsteigt.

Eine nicht ganz so positive Verknüpfung wird bei einem Volksglauben hergestellt, der besagt, dass eine Sternschnuppe einen Todesfall oder ein anderes Unglück verkündet. Demnach steht jede Sternschnuppe für die Seele eines Verstorbenen, die zum Himmel aufsteigt. Manchmal heißt es auch, dass eine Sternschnuppe einen baldigen Todesfall prophezeit. Wenn sie von einem unüberhörbaren Lärm begleitet wird, wird eine bedeutende Persönlichkeit sterben.

Sich bei Sichtung einer Sternschnuppe etwas zu wünschen, ist ein weit verbreiteter Zeitvertreib. Der Wunsch geht angeblich in Erfüllung, wenn man ihn zu Ende gedacht hat, bevor die Sternschnuppe erloschen ist. Plagen Sie finanzielle Sorgen? Dann sagen Sie bei der nächsten Sichtung einer Sternschnuppe dreimal hintereinander laut »Geld«. Wenn Sie das schaffen, bevor sie wieder erloschen ist, wird auch dieser Wunsch sich erfüllen.

Es ist ratsam, darauf zu achten, in welcher Position Sie sich zu dem Stern befinden. Wenn er zu Ihrer Rechten fällt, bedeutet dies großes Glück, zu Ihrer Linken ist es jedoch ein schlechtes Zeichen, und Sie sollten sich auf schlimme Zeiten gefasst machen.

Es existiert jedoch auch der Glaube, dass eine Sternschnuppe ankündigt, dass bald jemand heiraten wird. Oder dass eine Sichtung hautheilende Kräfte hat, wofür man sich währenddessen bloß ein Stück Stoff vors Gesicht halten muss, und schon erhält man reinere Haut.

WETTER VORHERSAGENDE KATZEN

Katzen sind als besonders intelligente und feinfühlige Wesen bekannt, und ihre Fähigkeit, auf Veränderungen zu reagieren, noch ehe sie für das menschliche Auge sichtbar sind, gilt schon lange als erwiesene Tatsache. Ihnen wird auch die Gabe zugeschrieben, das Wetter voraussagen zu können. Und es drehen sich noch jede Menge weiterer Aberglauben um das Verhalten unserer liebsten Vierbeiner und dessen Bedeutung.

Generell heißt es, dass ein Unwetter bevorsteht, wenn eine Katze besonders aufgekratzt ist. Ein englischer Volksglaube aus dem 18. Jahrhundert besagt, dass mit Schnee oder Hagel zu rechnen ist, wenn eine Katze ausgesprochen viel herumtollt, und laut einem walisischen Aberglauben verhält sich eine Katze kurz vor Einsetzen von Regen extrem unberechenbar. Auch eine Katze, die sich die Ohren putzt, wurde etwa seit dem 18. Jahrhundert als Zeichen für bevorstehenden Regen betrachtet, und wenn sie es besonders energisch tat, würde auch der Regen entsprechend kräftig werden. Ein weit verbreiteter Aberglaube aus dem 19. Jahrhundert legt zudem nahe, dass eine an Deck eines Schiffes herum springende und tollende Katze einen Sturm ankündigt.

In Schottland glaubt man, dass eine mit dem Rücken zum Feuer sitzende Katze kaltes oder sogar frostiges Wetter kundtut. In den USA glaubt man beim gleichen Verhalten an eine bevorstehende Kältewelle. In England kündigt eine Katze in der gleichen Position Regen oder Kälte an. Eine Katze, deren Schwanzspitze zum Feuer zeigt, wird allgemein als schlechtes Zeichen betrachtet und soll angeblich Unglück bringen.

In Holland glaubt man, dass eine an Vorhängen und Teppichen kratzende Katze auf Wind hinweist. In den USA wird schlechtes Wetter erwartet, wenn eine Katze mit allen vier Pfoten unter sich verborgen schläft. Leckt sich eine Katze das Fell gegen den Strich, wird dies als Warnung vor einem Hagelsturm betrachtet.

In Japan heißt es, dass eine Katze, die sich das Gesicht putzt, Gäste ankündigt. Dasselbe gilt, wenn sie sich dreimal hintereinander mit der gleichen Pfote ein und dasselbe Ohr putzt.

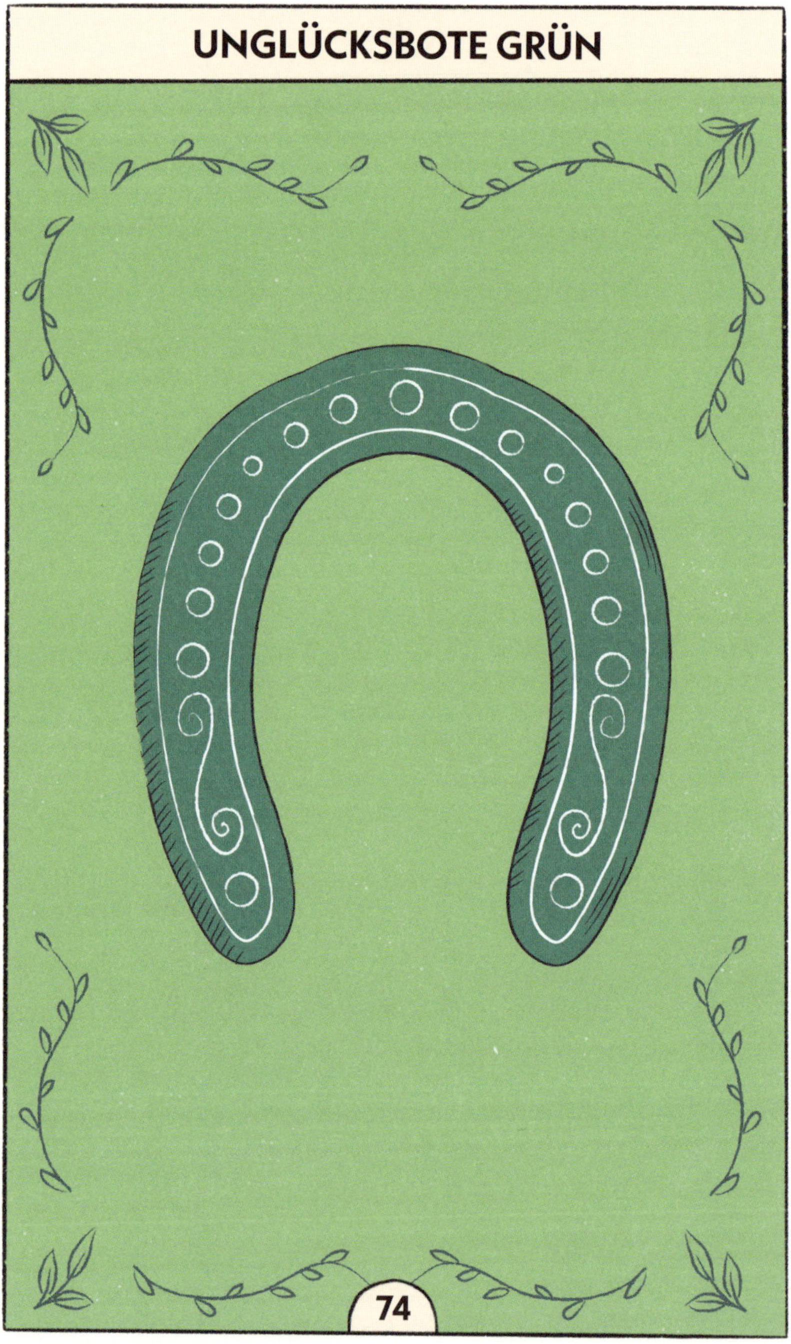
UNGLÜCKSBOTE GRÜN
74

Vielen Farben wird eine Symbolik zugeschrieben, und sie besitzen angeblich verborgene Bedeutungen. Letzteres variiert stark von Land zu Land. Grün ist dabei eine sehr beliebte, aber auch widersprüchliche Farbe. Sie kann für Fruchtbarkeit, Erfolg, Wohlstand und Frieden stehen, aber auch für Untreue und Eifersucht. Und was weiß der Aberglaube noch so über die Farbe Grün zu berichten?

In China gilt Grün als Glücksfarbe. Gebäude wie Restaurants und Banken werden oft grün gestrichen, da mit der Farbe Hoffnung, Fruchtbarkeit, Harmonie und Reinheit assoziiert wird.

Bei den NASCAR-Rennen in den USA gelten grüne Autos als schlechtes Zeichen und stehen angeblich in Bezug zu Unfällen, die sich im Laufe der ersten Hälfte des 20. Jahrhunderts ereigneten. Aus diesem Grund galt es lange Zeit als Tabu, mit einem grünen Auto anzutreten – woran sich heute jedoch niemand mehr hält.

Grün gilt an manchen Orten aufgrund seiner Verbindung zum Feenvolk sogar als gefährliche Farbe. Es heißt, dass Feen sich gern in Grün kleiden, und laut schottischem und irischem Aberglauben zieht das Tragen dieser Farbe, vor allem am Hochzeitstag, das Pech an. Den Feen könnte es derart missfallen, dass ein Mensch an seinem Hochzeitstag ihre Farbe trägt, dass sie ihm Schaden zufügen.

Doch auch unabhängig davon ist Grün eine schlechte Wahl für ein Hochzeitsoutfit. Im Norden Englands glaubte man so fest daran, dass das Tragen der Farbe Grün zu einem solchen Anlass Pech bringt, dass diese manchmal sogar gänzlich von der Hochzeit verbannt wurde – inklusive des grünen Gemüses!

Einem weiteren Volksglaube zufolge ereignet sich bald ein Unglück, wenn man grüne Kleidung trägt. Laut diesem Aberglauben kommt nach Grün Schwarz, was bedeutet, dass man nach dem Tragen grüner Kleidung demnächst etwas Schwarzes zu einer Beerdigung tragen wird. Grüne Kleidung an Babys soll ebenfalls das Unglück anziehen.

Laut maritimer Folklore bringen grüne Stiefel Pech. Das soll an der Verbindung der Farbe Grün zum Festland liegen. Man glaubte daher auch, dass ein grünes Schiff eher Gefahr lief unterzugehen. Manche Seefahrenden gingen auf Nummer sicher und erlaubten absolut nichts Grünes an Bord ihres Schiffes.

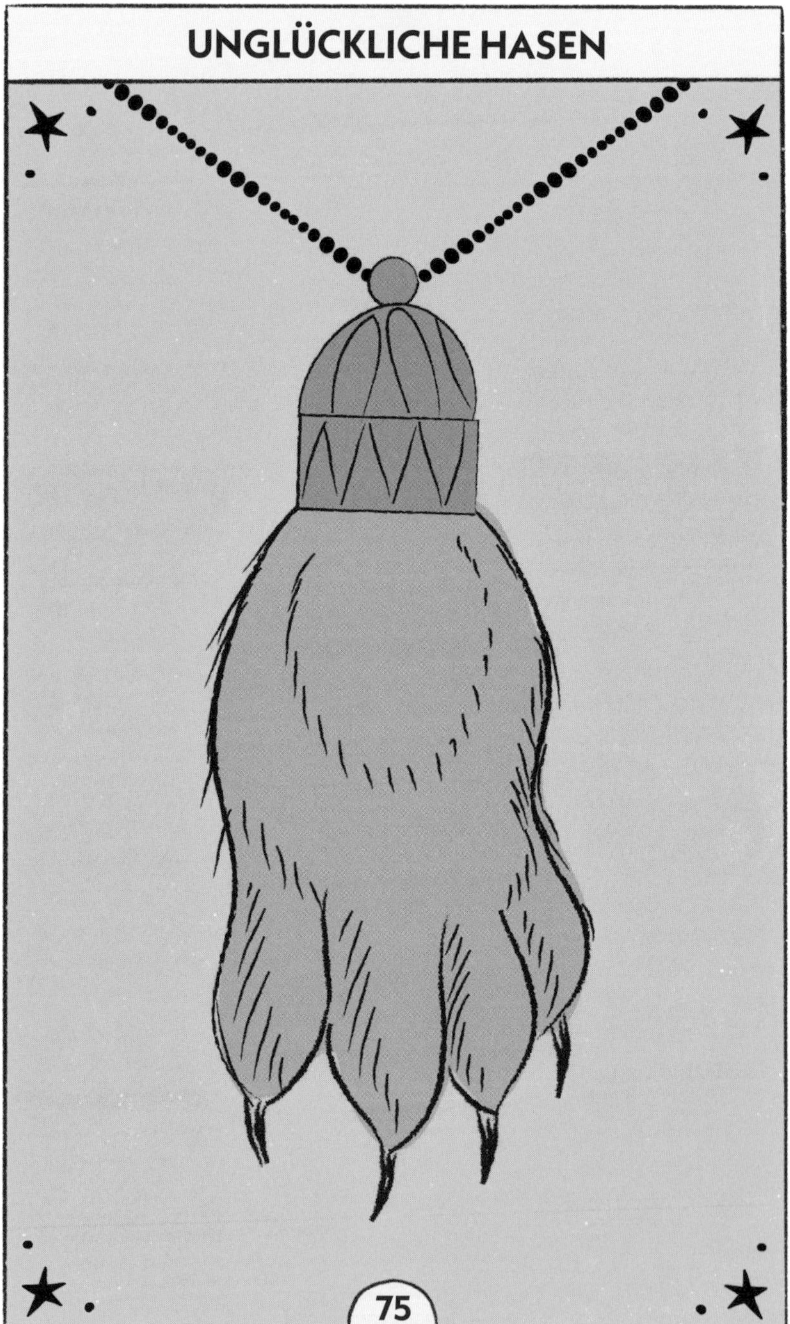
UNGLÜCKLICHE HASEN
75

Der Hase findet in vielen Mythen, Legenden und Aberglauben Erwähnung – ein magisches und dennoch gefürchtetes Wesen, das die Menschen im Laufe der Geschichte gleichermaßen inspiriert wie abgestoßen hat.

Laut Bibel gilt der Verzehr von Hasenfleisch als Tabu. Dieses Verbot galt in England im Jahr 50 v. Chr. sogar per Gesetz. Die negative Konnotation hielt sich noch bis ins 16. Jahrhundert. Bis zu dieser Zeit vermied man den Verzehr von Hasenfleisch aus Angst vor einer Lähmung.

Hasen wurden oft mit Hexen und Magie in Beziehung gesetzt, und der Hase wurde häufig als einer ihrer Vertrauten dargestellt. Angeblich konnten Hexen auch selbst die Gestalt eines Hasen annehmen. Im Irland des 16. Jahrhunderts glaubte man, dass jeder Hase, der sich am Morgen des 1. Mai in einem Rudel befand, eine Hexe sein musste – diese musste zur Strecke gebracht werden, da sie ansonsten die Butter klauen würde. Dieser Volksglaube herrschte bis ins 19. Jahrhundert, als Hasen noch immer mit Argwohn betrachtet wurden.

Ihnen wurde auch die Fähigkeit zugesprochen, ein Feuer zu vermeiden – oder zu verursachen. Wenn einer dabei gesichtet wurde, wie er durch einen Ort lief, glaubte man, dass demnächst ein Feuer ausbrechen würde. Viele anekdotische Erzählungen hielten diesen Aberglauben für lange Zeit lebendig.

Angeblich bringt es allgemein Pech, einem Hasen zu begegnen. Besonders einer Braut, deren Weg von einem Hasen gekreuzt wird. Sie sollte sich auf schlechte Zeiten gefasst machen. Viele Menschen kehrten um und liefen zurück nach Hause, wenn sie auf dem Weg zu ihrem Schiff waren und ihnen dabei ein Hase begegnete. Seeleute verzichteten dann sogar darauf, mit ihrem Schiff abzulegen. Allein das Wort »Hase« wurde schon als Unglücksbote betrachtet, weswegen viele Seeleute es tunlichst vermieden, vor allem auf hoher See.

Eine Hasenpfote hingegen gilt als Glücksbringer. Der römische Gelehrte Plinius der Ältere achtete stets darauf, eine bei sich zu tragen, da sie ihn angeblich vor Rheuma und Zauberei schützte.

PFAUENFEDERN
76

Der Pfau ist einer der majestätischsten Vögel, und das unverkennbare Augenmuster seiner Federn wird in aller Welt auf vielen Stoffen, Schmuckstücken und Dekoartikeln nachgebildet. Die Meinungen gehen dennoch auseinander, wenn es darum geht, ob diese prachtvollen Wesen auch anderweitig Einfluss auf unser Leben haben – bringen Pfauenfedern nun Glück oder Unglück?

In der westlichen Welt gelten Pfauenfedern allgemein als Unglücksboten. In England bringen Pfauenfedern im Haus angeblich besonders viel Pech: Unheil aller Art findet in ihnen seinen Ursprung, vom allgemeinen Verlust bis hin zu Krankheit und Tod. Manche glauben, dass der gesamte Haushalt vom Pech verfolgt wird, solange man die Federn nicht entfernt. Diese negative Konnotation war so tief verwurzelt, dass sich Menschen zu manchen Zeiten zu extremen Reaktionen veranlasst sahen: Einige rissen ihren Gästen die Feder vom Hut, andere verteilten sogar Backpfeifen, wenn jemand es wagte, eine Pfauenfeder ins Haus zu bringen.

Ein weiterer Volksglaube besagt, dass im Haus befindliche Pfauenfedern dazu führen, dass dort lebende, unverheiratete Frauen niemals heiraten. Besonders ungern sah man es, wenn jemand Pfauenfedern in ein Kinderzimmer brachte.

Die Federn gelten auch in der Theaterwelt als großes Tabu und sind daher in jeglicher Form von vielen Bühnen der Welt verbannt. Es heißt, dass es andernfalls zu großem Unheil und Unfällen käme.

Der Pfau selbst kann angeblich Regen vorhersagen. Sein Schrei sei ein sicheres Zeichen für bald einsetzenden Regen oder Sturmböen. Manche glauben auch, dass er einen Todesfall voraussagen kann. Wenn ein Pfau häufiger schreit als sonst, könnte der Tod ein Familienmitglied betreffen.

Unter anderem in Japan, China und Indien gelten Pfauenfedern jedoch als Glücksbringer. Den zusätzlichen »Augen« wird positive, Schutz bietende Kraft zugesprochen. In Indien glaubt man, dass sie das Böse abwehren, in Japan setzt man auf ihre Schutzwirkung. Im Feng Shui gelten sie als positive Energie, die Schutz bietet und zu Glück, Schönheit und Wohlstand führt. Sie werden oft an Türrahmen befestigt und symbolisieren Aufgeschlossenheit und Weitblick.

DIE ERSTE HANDLUNG IM NEUEN JAHR
1
77

1st

In vielen Kulturen gilt der Neujahrstag als bedeutendes Datum: Der erste neue Tag des Jahres steht einem bevor. Dementsprechend drehen sich viele Aberglauben und Traditionen um die erste Handlung an diesem besonderen Tag.

Dabei spielt es auch eine große Rolle, wer als erster Mensch im neuen Jahr das eigene Haus betritt. Allein in England gehen hierzu die Meinungen bereits weit auseinander – generell gilt, dass dunkelhaarige Menschen gern gesehene Gäste sind und dass Menschen mit hellen Haaren Unglück bringen. Doch in manchen Gegenden ist man vom Gegenteil überzeugt. Dort sollte tunlichst ein Mensch mit hellem Haar als Erstes über die Schwelle treten. Jedoch sind sich alle darüber einig, dass ein »weiblicher Fuß« nur Unglück bringen kann. Manche wünschen sich, dass ein dunkelhaariger Junge, ein sogenannter »Lucky Bird«, als Erstes das Haus betritt, wofür er mit Brot, Käse und Geld belohnt wird. Im schottischen Renfrewshire waren die Anforderungen sehr konkret: Die erste Person, die über die Schwelle tritt, sollte groß und dunkelhaarig sein und durfte keine Plattfüße oder zusammengewachsenen Augenbrauen haben.

In Deutschland und Polen isst man für das Glück im neuen Jahr um Punkt Mitternacht Hering. In Lettland glaubt man, dass es Glück bringt, am Neujahrstag gleich welchen Fisch zu essen – und um für ein finanziell erfolgreiches neues Jahr zu sorgen, sollte man die Gräten zusätzlich noch in seinem Geldbeutel aufbewahren. Im Süden der USA ist es üblich, Schwarzaugenbohnen mit Blattgemüse und Schinken zu essen. Die Bohnen sollen für Glück im neuen Jahr sorgen, vor allem für die Person, die die traditionell darin versteckte Münze findet.

In Polen heißt es außerdem, wenn man am ersten Tag des Jahres früh aufwacht, wird das in den kommenden zwölf Monaten auch an jedem anderen Morgen so sein. Manche glauben, dass man am Neujahrstag weder seine Kleidung waschen noch sein Geschirr spülen darf. Andere wiederum warnen sogar davor, auch nur den kleinsten Gegenstand aus dem Haus zu bringen. Laut dänischem Aberglauben wird man das, was man am ersten Tag des Jahres tut, auch das restliche Jahr über tun. Seien Sie also in der Wahl Ihrer Handlungen besonders umsichtig!

INDEX

ÜBER DIE AUTORIN

Willow Winsham ist Autorin und Geschichtswissenschaftlerin mit dem Fachgebiet Magie und Folklore. Sie verfasste unter anderem *Accused: British Witches Throughout History* **und** *England's Witchcraft Trials* **und ist Co-Autorin von***Treasury of Folklore: Seas and Rivers* **sowie** *Treasury of Folklore: Woodlands and Forests.* **Willow ist Mitbegründerin von #folklorethursday, der bekannten Webseite und dem Twitter-Account, auf denen sie spannende Geschichten und Traditionen aus aller Welt veröffentlicht.**

Folge Willow auf Twitter unter @WillowWinsham und auf ihrer Webseite www.willowwinsham.com

DANKSAGUNG

Dieses Buch zu schreiben, war die sprichwörtliche Achterbahnfahrt und wäre ohne die Hilfe und Unterstützung so vieler besonderer Menschen nie möglich gewesen.

Zuerst geht mein herzlichster Dank an jeden auf Twitter, der sich die Zeit genommen hat, auf meine Fragen über Aberglauben zu antworten. Auf diese Weise konnte ich mein Buch so authentisch wie möglich gestalten: Ihr seid einfach zu viele, um euch alle namentlich zu erwähnen, aber ich bin jedem von euch unendlich dankbar!

Außerdem gilt mein Dank meinen Freunden nah und fern, die mir immer wieder dabei zuhörten, wie ich über alle möglichen verrückten und wundervollen Volksglauben geredet habe, während ich für dieses Buch recherchiert und es letztlich geschrieben habe. Für all eure Anregungen und euer Interesse stehe ich tief in eurer Schuld. Ein besonderer Dank geht an Dee Dee Chainey für ihre stetige moralische und praktische Unterstützung während des Schreibprozesses.

Und zu guter Letzt ein großes Dankeschön an jeden bei Welbeck and Sprung Sultan für eure harte Arbeit und eure Unterstützung bei der Umsetzung meines Traums.

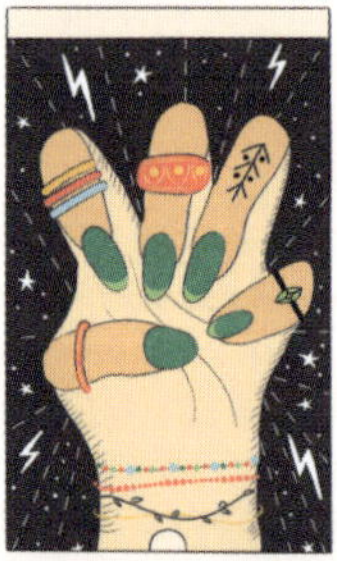

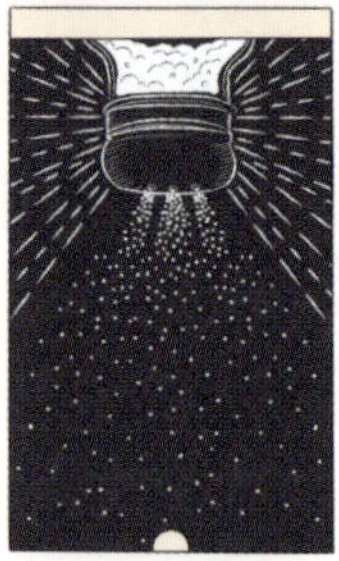

13

7
1